主编介绍

上海城方租赁住房运营管理有限公司（以下简称"公司"）是上海地产集团租赁业务专业化、市场化运作的运营服务公司。

公司紧紧围绕上海地产集团发展战略及其功能类企业职能定位，致力于成为市政府认可的功能型品牌和地产集团的重要业务板块，打造具有标杆性市场化运营机制的混合所有制上市主体。

公司立足打造"城方"租赁住房运营服务品牌，以"都市梦生活"为品牌核心理念，以"让更多人安居都市、宜居生活"为愿景，为留在城市的各类人才提供更好的生活和发展服务，努力形成市场稳定器、人才孵化器、资产优化器、生活加速器、文化培育器。公司力求以磅礴的造城之势和智慧化的运营管理，助力新型的租住体系构建，服务于"上海2035"，为上海建设卓越全球城市做出应有的贡献。

编者按

住房租赁市场是我国住房供应体系的重要组成部分，在经济社会发展中起着十分重要的作用。完善的住房租赁市场，才能满足居民对住房的合理消费需求，实现住有所居的目标。自2016年国务院办公厅发布《关于加快培育和发展住房租赁市场的若干意见》以来，住房租赁市场发展迅速。纵观近几年，住房租赁正在改变人的消费行为，改变人的居住观念，它提供了新的生活方式和选择。更值得关注的是在物联网、大数据、云计算、人工智能等创新科技的高速发展之下，住房租赁全产业链也正努力从传统方式向智慧升级，对于行业而言，更加重视形成基于海量信息和智能处理的新型社区管理模式，以及面向未来的全新社区形态。

在新时代下，中国住房租赁行业究竟如何傲居智慧前沿，赋能美好生活？

本专辑《智慧赋能生活》围绕"智慧"核心，试图通过宏观趋势研究、行业前瞻观点、实际案例剖析、经验成果分享等多个方面来解读智慧生态圈给租住生活带来的革新变化，以期对行业发展起到指导和借鉴作用。编者深信：智慧赋能生活势必是未来住房租赁行业发展的主旋律。

CONTENTS 目录

编委会

主　任　郑　华
副主任　沈皓彬 李　丹 云　婷
编　委　陈　磊 陈　湘 陈啸天
　　　　陈　易 郭　戈 胡金星
　　　　李鸿忠 严　荣 杨现领
　　　　朱　斌（按姓氏拼音序）
执行主编　郁讯波
策划顾问　邱明华 宋　磊
　　　　　（按姓氏拼音序）

专题研究

04　中国智慧住宅的流变与设计原则探讨　李品 陈易 / 文
DISCUSSION OF THE DEVELOPMENT AND DESIGN PRINCIPLES OF SMART HOUSE IN CHINA

14　论智慧公寓系统解决租赁住房核心痛点
邱明华 范德金 / 文
CORE PAIN SPOT TO SOLVE THE PROBLEM OF RENTAL HOUSING IN SMART APARTMENT SYSTEM

18　物联网面临的安全挑战　周函 / 文
SECURITY CHALLENGES FACING THE INTERNET OF THINGS

24　智慧信息管理服务平台助力企业高效运营　张云霞 / 文
INTELLIGENT INFORMATION MANAGEMENT SERVICE PLATFORM HELPS ENTERPRISES OPERATE EFFICIENTLY

城方超级社区·城寓华山路店

生态实践

30 住房租赁转型中智慧公寓生活新动力　海尔智家 / 文
NEW POWER OF SMART APARTMENT LIFE IN THE TRANSFORMATION OF HOUSING LEASING

36 租赁住房中装配式智能系统的应用　林骁骋 / 文
APPLICATION OF ASSEMBLED INTELLIGENT SYSTEM IN RENTAL HOUSING

44 智能物业管理平台助力住房租赁行业　李轶群 / 文
THE INTELLIGENT PROPERTY MANAGEMENT PLATFORM HELP THE HOUSING RENTAL INDUSTRY

48 辰十二：逐梦生活，由我智造　郭祖年 / 文
XII. CHEN : DREAM LIFE, MADE BY ME

业界思考

52 租赁的国度　杨现领 / 文
THE RENTAL COUNTRY

60 不负国企大时代，精益资管掘金存量蓝海　黄乐 / 文
THE PROMISE OF THE STATE-OWNED ENTERPRISES, LEAN ASSET MANAGEMENT HELP GOLD DIGGING STOCK

68 住房租赁行业基于全生命周期户型设计思考　陈湘 / 文
CONSIDERATION ON THE WHOLE LIFE CYCLE DESIGN OF HOUSING RENTAL INDUSTRY

生活美学

76 城方堂，打造租赁住房社区有温度的"场"　沙淑珍 / 文
BUILDING A WARM "FIELD" IN RENTAL HOUSING COMMUNITY

82 从"落脚"到"生活"
　　—— 我们与城市之间的亲密关系　徐磊 / 文
FROM "EXISTENCE" TO "LIFE" - THE INTIMATE RELATIONSHIP BETWEEN US AND THE CITY

专题研究

DISCUSSION OF THE DEVELOPMENT AND DESIGN PRINCIPLES OF SMART HOUSE IN CHINA

中国智慧住宅的流变与设计原则探讨

李品 陈易/文

伴随着时代的发展，科技水平不断进步，全球物联网（Internet of Things，IoT）、云计算（Cloud Computing）、普及运算（Ubiquitous Computing）等新一轮信息技术不断成熟，城市与建筑也迎来一场新的变革。智慧住宅、智慧社区以及智慧城市等已成为目前社会与学界的重要议题。

智慧住宅（Smart House）作为这场变革的重要组成要素，也表现出令人瞩目的发展速度。尽管目前关于智慧住宅的概念尚没有统一的定论，但已经越来越受到各界人士的关注。本文尝试对其进行分析。

一、智慧住宅的源起

"智慧住宅"的提法可以追溯到一百多年前，在19世纪末信息与通信技术尚未兴起之时，"智慧住宅"这一概念就曾独立出现过，[1] 但当时只是对智慧住宅概念的探讨性提出，并无系统性的理论与应用。在1966年，第一台通过计算机来控制的家庭自动化设备 Echo IV 被设计出来，其目标是控制家庭室内温度并控制家用电器[2]，现代意义上的自动化控制设备开始出现。

1975年，第一个通用家庭自动化网络技术 X10 由苏格兰格伦罗斯的 Pico 电子公司开发完成，目的是实现对家庭设备和电器的远程控制。这是一种使用电传输线路来发送信号和控制电子设备的通信协议，这些信号包括代表数字信息的简短无线电频率脉冲。在1978年，X10产品包括一个16通道的命令控制台、一个 Lamp 模块和一个设备模块。

不久之后，出现了墙壁开关模块和第一个 X10 定时器。到目前为止，X10 仍然是最广泛使用的通用家庭自动化网络技术之一。[3]

20世纪80年代，家用电器的编程得到了更广泛运用，用来设定温度的数字恒温器，可编程的洗衣机、烘干机和洗碗机开始大量出现。[4] 伴随着家庭电脑的普及，智慧住宅得到快速发展。英国广播公司(BBC)的电脑和 IBM 的个人电脑均于1981年推出，早期的苹果(Apple) Macintosh 电脑于1984年推出，微软(Microsoft)的 Windows 操作系统在一年后推出，随之而来的是智慧家庭的快速变化和智能技术的小型化。

1984年，美国国家住宅建筑协会（National Association of Home Builders, NAHB）启动了智慧住宅项目，首次将"智慧住宅"（Smart House）作为专业术语提出，智慧住宅的研究开始系统化与科学化。1994年，美国麻省理工学院媒体实验室中实验智慧住宅布局，实验者将相机、麦克风、传感器等设备作为环境感知装置放于住宅中，用于监测使用者在住宅中的状态，从而预测并满足使用者的需求，达到初步自动化的智慧住宅系统[2]。

2013年，微软推出了物联网概念（Internet of Things），结合此概念，智慧住宅设备的制造商更多地对家庭智能设备采用智能装备嵌入的概念，现代智能家居应运而生。如今，智能家居由结合无线上网的家居设备组成，取代了模拟设备，家居设备如冰箱、空调，甚至电灯都可以通过

图1 中国智能家居行业市场规模变化图[8]

内部电脑相互连接，这些设备的嵌入式电脑充当房子的"感官"，让房子本身成为物联网设备，从而打造新时代的智慧住宅[4]。

根据 ABI Research 的数据，到 2012 年，美国已经安装了 150 万个家庭自动化系统[5]。据研究公司 Statista 称，到 2018 年底，美国家庭将安装超过 4500 万台智能家居设备。[6] 在全球范围内，智能家居所组成的智慧住宅将会得到越来越普遍的推广与应用。

二、中国智慧住宅的流变

中国智慧住宅的发展起步较晚，但在近年发展迅速，且增速仍在逐步加快。根据中国建筑标准设计研究院总建筑师刘东卫的划分方法，中国智慧住宅在国内的发展可分为三个阶段。[7]

1. 第一阶段（1995—2005 年）

当时中国智慧住宅刚刚起步，尚未大量进入普通住宅，智慧住宅尚处于家电和安防企业的智能产品技术研究与实验中，属于管理阶段。

2. 第二阶段（2006—2014 年）

中国互联网产业与科技产业蓬勃发展，互联网公司和传统家电企业开始进行智能化建设与转型，我国智慧住宅进入快速发展时期。

这一阶段可基本对应 Li 等人所提出的第一代智能家居阶段[9]，即采用无线技术的代理服务器的家庭自动化。此阶段，智慧住宅可以通过 Zigbee，Bluetooth 等技术手段连接于某一代理服务器，通过本地代理服务器来支持电器和 Internet 之间的通信，从而实现住宅的智能化管理。

此时一个典型的家庭自动化系统通过中心化的 Hub 或者是网关（Gateway）与智能化设备进行连接。使用墙壁上的终端、平板、智慧型电脑、移动电话 APP 或者是以网页界面来当作控制系统的使用者界面，这使得通过网络来达成远端（Off-Site）操作成为可能。

3. 第三个阶段（2015 年至今）

随着物联网技术、信息技术和人工智能的创新发展以及大众的消费升级，凭借大数据、云计算、人工智能技术以及智能家居生态平台，我国开始进入全面智慧住宅新阶段。

这一阶段可以基本对应 RITA YI MAN LI 等人所提出的第二代智能家居：即人工智能与物联网介入的智能家居环境（Smart Home Environments, SHE）的概念。此时，在传统的家庭自动化系统基础上，结合物联网技术，特别是人工智能技术进行智慧住宅的智能化升级。用新的"智能功能"改进传统的智慧住宅，增加舒适性，降低操作成本，并提高安全性。在自动化、人工智能和多智能体系统的帮助下，为 SHE 的设计和复杂的控制系统开发提出了大量的计算方法。

这个阶段典型的智能设备可以检测和学习用户的行为，并根据用户的需求提供建议。同时，这些设备可以相互通信，协调行动，共同自动改善家庭使用环境，是更加智能的自动化系统。同时这些设备允许通过互联网和 GSM 进行网络连接与远程访问，从而实时更新以及得到互联网的支持。例如这些

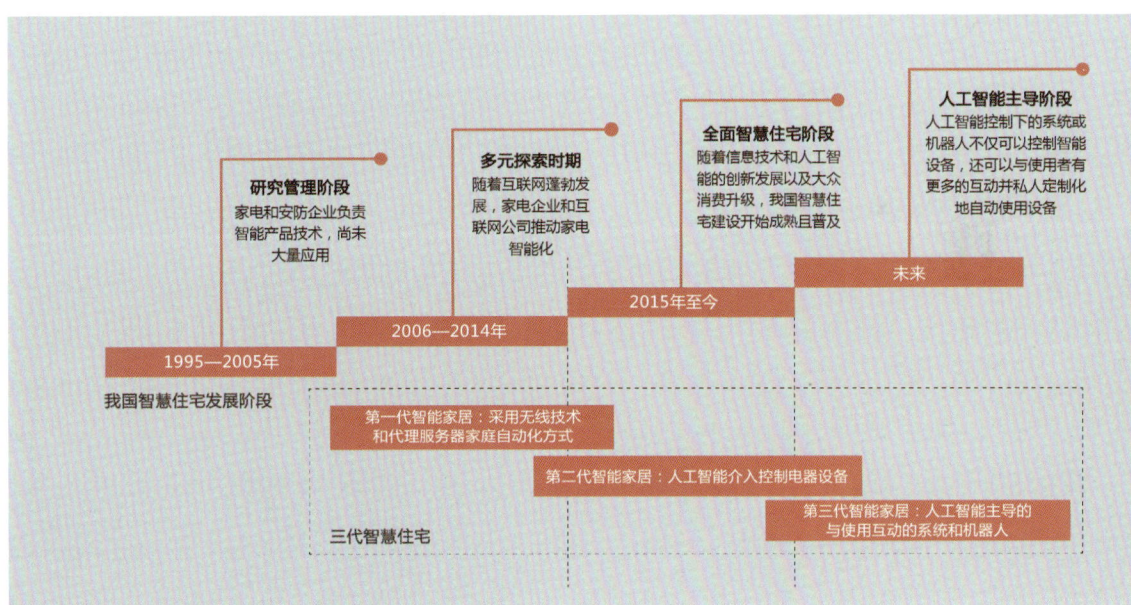

图 2 我国智慧住宅发展阶段与三代智慧住宅关系图

设备可以配备兼容物联网的语音可控扬声器，其内置的搜索引擎与处理复杂语音命令的能力让使用者可以更加高效、便利地控制家中的智能设备。

最后，RITA YI MAN LI 等人所提出的第三代智能家居可以对应我国将在不远的将来达到的人工智能主导阶段。这个时候智能家居强调的是家庭助理，融合了先进的技术和人机交互。集成模仿人类思维方式的深度神

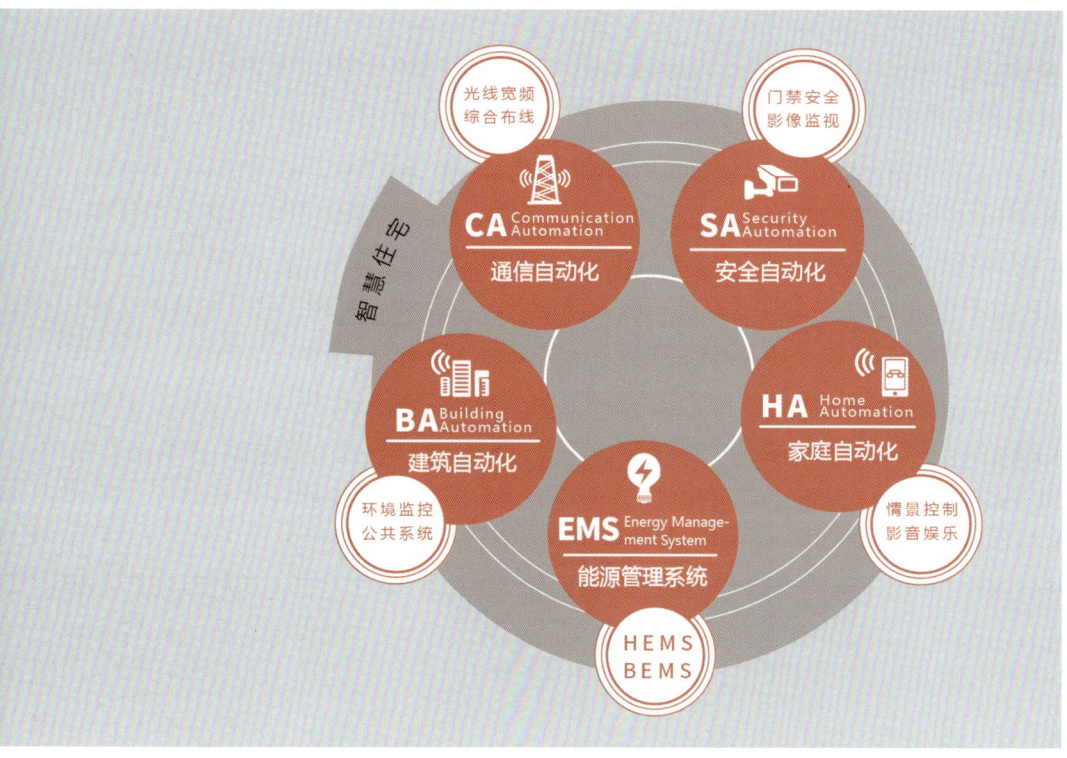

图3 智慧住宅五大组成类别
图片来源：台北市政府都市发展局. 台北市公共住宅智慧社区建置规范手册(2.0版)[DB/OL].
http://www.ibtmag.com.tw/pdf/25327-1.pdf 2018-07/2019-11-05

经网络（Deep Neural Networks，DNN）的系统或机器人不仅可以控制智能设备，其更多的互动与个人定制化内容可以让住户更加智能地自动使用设备，智慧住宅将拥有真正的智慧。

三、智慧住宅设计要素

如上文所述，我国目前已步入智慧住宅的第三阶段，智慧住宅生态链已逐步完善。一般情况下，智慧住宅涵盖五个方面[10]，即建筑自动化（Building Automation）、通信自动化（Communication Automation）、安全自动化（Security Automation）、家庭自动化（Home Automation）、能源管理系统（Energy Management System）。

1. 建筑自动化

空气污染监测自动化：针对室内空气污染监测的设备有两种，一种是独立的室内空气质量监测仪,如甲醛浓度检测仪、大气漂浮微粒浓度检测仪、烟雾探测器和一氧化碳探测器等,当监测仪探测到空气污染浓度超标时,监测仪会自动报警、推送浓度超标通知到用户手机,并自动联动新风系统、空气净化系统等,优化室内空气质量环境。另一种是空气质量调节设备自带的空气质量监测仪,自动侦测并直接与空气质量调节设备联动。

空气质量调节自动化:主要是控制室内空气污染物浓度的设备,包含甲醛净化器、大气漂浮微粒净化器、综合式空气净化器等,可与室内相关空气质量监测仪器联动,当检测到空气污染时运行,保证室内空气质量安全。

宠物和婴儿的家庭自动化:自动跟踪宠物和婴儿的运动,控制宠物的活动区域,自动去除宠物排泄物味道等。

老年人和残疾人的家庭自动化:针对老年人的家庭自动化系统有两种基本形式,嵌入式自动服务系统和专用健康服务网络。嵌入式自动服务系统将传感器和微处理器集成到家用电器、家具和服装中,收集分析的数据,可用于诊断疾病和识别风险模式。专用健康服务网络采用无线技术连接便携式设备,并将数据存储在家庭健康数据库中。由于需要为老龄化人口提供更多的医疗保健选择,智能家居可以为老年人和残疾人提供许多不同类型的紧急援助系统、安全功能、跌倒预防、自动计时器和警报等。如果观察到用户生命体征的重大变化,这些系统和工具会自动生成警报,向相关部门和人员警报。

2. 通信自动化

高速网络连接:家庭接入光纤、5G 等高速连接网络,获取互联网的网络支持以及更快捷的网络服务。

智慧型电表 即能够精确透过数位化方式显示用电资讯,并具备通信功能,如 RJ-45、RS-485 等通信方式,将资料传递给用户或其他系统,可实时监控用电情况,远程汇缴电费。

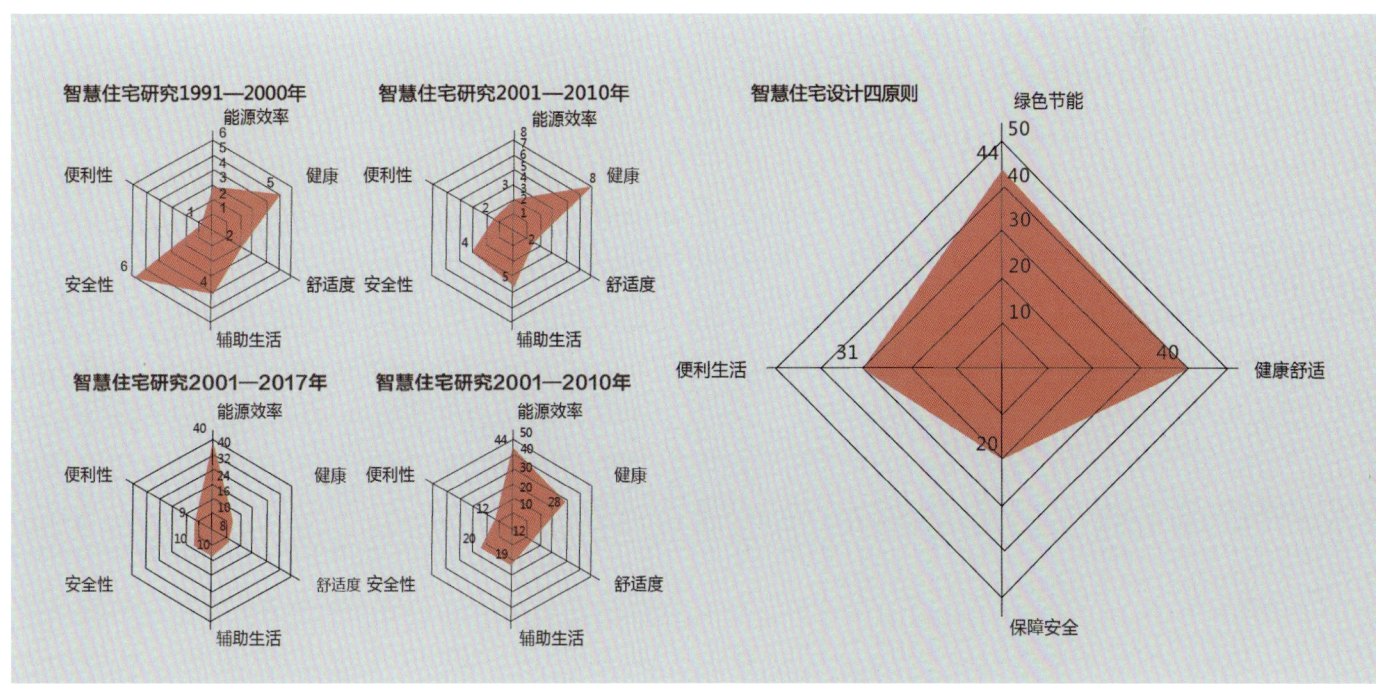

图 4 智慧住宅 1991—2017 年研究侧重　　图 5 智慧住宅设计四原则
图片来源:沈振江,PUTERI FITRIATY,曹哲静等智慧住宅的源起探究、绿色概念辨析与智能化指标体构建 [J]. 上海城市规划 2018(1):1-11.

智慧型水表：即借由电子感应来计量用水量的器具，可通过通信方式，如 RJ-45、RS-485 等，将资料传递给用户或其他系统，可实时监控用水情况，远程汇缴水费。

3. 安全自动化

室内安防自动化：针对家庭安全的智能设备可分为两种，一类为图像监控类，例如远程监视安全摄像头、智能猫眼等设备，通过图像识别发现侵入者，自动报警并通知用户。另一类为感知类，例如门窗感应器、震动感应器等设备，当设备发生位移，如开门、开窗或震动时，自动报警并通知用户。

人员感知自动化：可以使用环境传感器，如人体移动传感器、二氧化碳传感器来感知住宅的使用情况，这些传感器可以集成到建筑自动化系统中，触发节能、通风、灯具和建筑舒适性应用的自动响应。

4. 家庭自动化

影音娱乐自动化：包括智能电视、智能音响、智能投影仪等，使用语音控制设备，并通过机器学习提供私人订制的娱乐影音内容。

智能厨房和互联烹饪：包括智能冰箱、智能厨具、智能油烟机、智能洗碗机等，使用语音控制设备，可以自动定制菜谱、自动烹饪食物，当打开燃气炉时自动联动油烟机及新风系统等。

家庭清洁电器自动化：包括扫地机器人、智能洗衣机、智能烘干机等，可以定时或使用语音控制设备，保证每日的家庭清洁。智能洗衣机和智能烘干机可自动侦测放入衣服重量、类型，选择不同的清洁与烘干模式。

5. 能源管理系统

智能采暖、通风和空调 (HVAC) 系统：可联动空气污染监测自动化设备，根据室内外的空气污染情况（如室外 $PM2.5$, $PM10$，NO_2，SO_2 浓度等，室内 CO_2，TOVCs，甲醛浓度等），室内外的温湿度情况，利用新风系统、地暖系统、空调系统自动进行高效地换气、升 / 降温、增 / 除湿等操作。

智能照明系统：针对室内的光环境进行分区、分时的自动化控制。如根据昼夜节律，采用不同亮度与色温的照明光源，白天自动调整为冷色、高亮度的光源提振住户精力；夜间自动调整为暖色、相对柔和的光源帮助住户入睡，形成更健康的室内光环境。

能源管理系统 (EMS)：利用计算技术，进行住宅电力综合自动化管理系统。通过中央监视器记录各个电器的耗电数值，分配调度住宅的能源使用及决策，保持住宅内各用电设备在最佳效率状态下运转，并更高效地利用例如光伏等非常规能源电力等。

设施管理系统 (FMS)：利用电脑资料库累积各项设备运转状况纪录、耗材的使用情况与更换时间，维修保养费用，列出各项报表，进行各方面财务评估并通知用户设备运行情况与耗材更新提醒。

四、智慧住宅设计原则

沈振江等人对智慧住宅的相关文献进行了整理归类研究[2]，该研究基于 78 篇相关参考文献，从功能服务（包括能源效率、健康、舒适度、辅助生活、安全性以及便利性）的角度进行了分析。图 4 的四幅小图总结了沈振江等人对于这 78 篇智慧住宅相关文献的不同侧重点的统计数据，从此数据可以看到智慧住宅的设计原则从 20 世纪 90 年代初期到现在已有不小的变化：服务对象从为老年人与残疾人提供日常生活所需的辅助服务及安全健康保障，转变为向普通人提供舒适健康的智能化服务。从早期主要注重安全性转变为目前以能源效率以及健康为侧重点，即目前智慧住宅已逐步融合了绿色住宅与健康住宅的概念，其构成"由最初的'技术主导'转变为'用户主导'及'环境主导'"[2]。

本文在此研究基础上，对智慧住宅基本设计要素进行了再组织，将智慧住宅的设计原则分为了绿色节能、健康舒适、便利生活与保障安全四部分，这四部分在上文提到的 78 篇智慧住宅相关参考文献中所占比例如图 5 所示。

1. 绿色节能

智慧住宅的一个重要因素便在于更加智慧高效地利用能源，结合住宅能源管理系统（EMS），高效地统筹利用室内

图 6 城方超级社区·城寓华山路店

智能化设备，将住宅保持在健康舒适的室内环境条件内即可，不过度使用室内智能化设备，避免造成能源与耗材的浪费。

涉及智慧住宅要素：智能采暖、通风和空调 (HVAC) 系统，智能照明系统，能源管理系统，设施管理系统 (FMS)，智慧型水表，智慧型电表。

2. 健康舒适

住宅是人所处时间最长的空间之一，因此保持住宅的健康与舒适是决定住宅品质的决定性要素。通过智能设备保证室内的空气环境、声环境、光环境、水环境、热舒适环境的健康与舒适是需要重视的设计原则。

涉及智慧住宅要素：智能采暖、通风和空调系统，智能照明系统，智能厨房和互联烹饪，家庭清洁电器自动化，老年人和残疾人的家庭自动化，宠物和婴儿的家庭自动化，空气质量调节自动化，空气污染监测自动化。

3. 便利生活

自动化智能化设备的最终目的就是可以更加便利地服务生活，交互式的操作模式，借由高速网络连接从而更便捷地为使用者提供所需要的娱乐、烹饪、清洁等服务，让使用者拥有更加轻松舒适的住家环境。

涉及智慧住宅要素：影音娱乐自动化、智能厨房和互联烹饪、家庭清洁电器自动化、人员感知自动化、高速网络连接。

4. 保障安全

安全作为住宅的最根本要素，智慧住宅借由智能化设备从室内的安防系统，保障老年人、残疾人及儿童的使用安全，到室内空气危险，能够更加全方位地感知与保护室内安全。

涉及智慧住宅要素：室内安防自动、人员感知自动化、老年人和残疾人的家庭自动化、空气污染监测自动化。

五．结语

时代与科技的进步正在催生着住宅的更新与进步，智慧住宅作为住宅未来的一个重要发展方向必然会得到愈发广泛的建设与运用。本文梳理了国内外智慧住宅的发展历程，总结了智慧住宅的设计要素，结合当今智慧住宅的发展现状与趋势，推导出智慧住宅设计的四项基础原则，以期为智慧住宅的研究、建造提供参考。

[基金支持："高密度人居环境生态与节能教育部重点实验室（同济大学）开放课题资助"（课题编号 2019010107）]

注释：

1. BADICA C, BREZOVAN M, BADICA A. An overview of smart home environments: architectures, technologies and applications[C]//CEUR workshop proceedings, 2013(1036(i)): 78-85.
2. 沈振江, PUTERI FITRIATY, 曹哲静等智慧住宅的源起探究、绿色概念辨析与智能化指标体系构建 [J]. 上海城市规划, 2018(1):1-11.
3. RYE, DAVE. "My Life at X10". AV and Automation Industry eMagazine. AV and Automation Industry eMagazine. Archived from the original on September 30, 2014. Retrieved October 8, 2014.
4. KING L. The evolution of the smart home[DB/OL]. https://www.raconteur.net/technology/the-evolution-of-the-smart-home. 2017-05-09/2019-11-04.
5. OYSTER BAY. "1.5 Million Home Automation Systems Installed in the US This Year"[DB/OL]. www.abiresearch.com.

Retrieved 2016-11-22/2019-11-04.

6. MICHAEL CACCAVALE. The Impact Of The Digital Revolution On The Smart Home Industry [DB/OL]. https://www.forbes.com/sites/forbesagencycouncil/2018/09/24/the-impact-of-the-digital-revolution-on-the-smart-home-industry/#74f76a1e3c76. 2019-11-04.

7. 刘东卫. 智慧住宅引领新时期住宅建设可持续发展 [N]. 中国建设报. 2019/9/12. 第 6 版

8. 中国报告大厅. 2012—2018 年中国智能家居市场规模 [DB/OL]. http://www.chinabgao.com/freereport/71950.html 2016-04-20/2019-11-05.

9. RITA YI MAN LI, HERRU CHING YU LI, et al. Sustainable Smart Home and Home Automation: Big Data Analytics Approach[J]. International Journal of Smart Home Vol. 10, No. 8 (2016): 177-198.

10. 台北市政府都市发展局. 台北市公共住宅智慧社区建置规范手册 (2.0 版) [DB/OL]. http://www.ibtmag.com.tw/pdf/25327-1.pdf 2018-07/2019-11-05.

作者简介

李品
同济大学建筑与城市规划学院博士研究生，主要研究方向：健康建筑设计；

陈易
同济大学建筑与城市规划学院教授，博士生导师，主要研究方向：室内外环境设计、健康建筑设计。

图 7 城方超级社区·城寓华山路店

CORE PAIN SPOT TO SOLVE THE PROBLEM OF RENTAL HOUSING IN SMART APARTMENT SYSTEM

论智慧公寓系统解决租赁住房核心痛点

邱明华 范德金 / 文

当前，市场上的租赁住房普遍以小规模社区为主，一般由单栋或者两三栋建筑组成。而这类租赁住房往往面临以下三大核心痛点。

（1）住户画像：年轻化。早出晚归、起床匆忙、回家只想休息，以上年轻群体特征对公寓运营的安全提出了很高要求。

（2）进出人员：复杂多样。一些社区型项目入口对外开放，管家室则位于公寓楼内，管家无法第一时间察觉人员进出，安全隐患极大。

（3）租客变动：流动性大。租赁住房租期普遍较短，租客频繁更换，增加了线上线下管理难度和运营成本。如何提高运营水平、提升运营效率，是公寓目前最迫切需要解决的问题之一。

针对这些痛点，我们试图从日益成熟的智慧公寓技术中，为租赁企业找到一些性价比高、实践性强的解决方案。

一、利用智能设备提升公寓安全系数

在公区的智能安防配备上，身份鉴别技术可以大大提升安保系数，包括人脸识别摄像头、出入人员自动登记、联动公安系统、敏感人员甄别、电梯自动到达指定楼层等。室内智能家居方面，得益于物联网技术的成熟，各种设备能够实现互联，并通过云端平台监测控制。基于物联网的监测预警硬件，如漏水报警、智能烟感、家电控制、照明控制、室内外遥控、防盗报警、环境监测等，是对租客安全的重要保障。典型场景包括租客关门后家电自动关闭、水浸传感器检测到厨房漏水后自动切断水管等。

表1 租赁住房常用智能硬件

功能	智能硬件种类
身份鉴别	智能门锁、智能门禁等
安全控制	智能门禁、智能监控、智能烟感等
数值采集	智能水表、智能电表等
生活便捷	智能音箱、智能电灯、智能窗帘、智能家用电器等

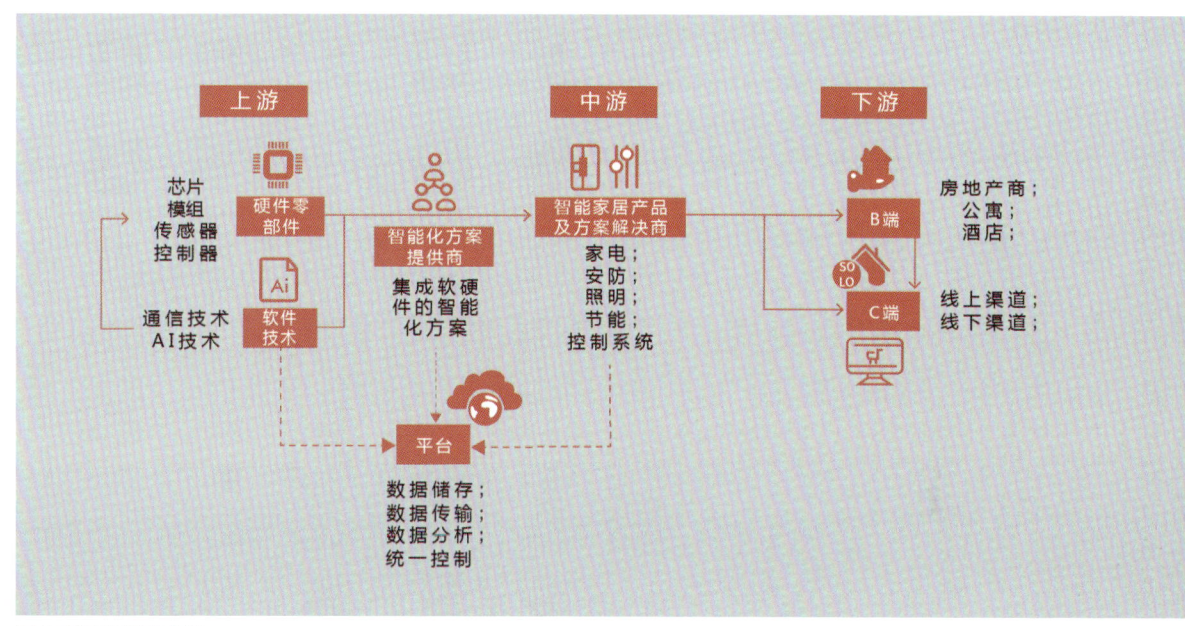

图1 智慧公寓产业链

智能设备提升公寓安全系数的效用究竟如何？以入门级产品智能门锁为例：智能门锁具备远程控制和与其他智能家居联动的功能。对公寓来说，管家通过远程控制功能，能够远程分发门锁权限，便于消防员、维修工、保洁员等临时进入房间，当租客逾期未缴水电费时，系统自动关闭智能锁的使用权限。对租客来说，智能门锁的联动功能能够实现以下场景：租客离家时，屋内自动关闭灯光、空调、热水器，扫地机器人开始工作，回家后灯光和电器瞬间开启，智能门锁从安全、节能、便捷多个角度填补了租客的需求。

了解了智能设备的效用，运营者应该如何选择最贴合公寓实际需求的智能设备呢？智能化方案提供商可以为公寓制订系统性的智慧公寓方案。在公寓智能设备产业链上，智慧方案提供商处于中游，连接起智能家居及软硬件厂商、云平台和公寓。包括智能家电龙头，如海尔（U+战略，开设了智慧公寓体验中心）、美的（M-smart战略，已落地智慧公寓产品）以及一些新崛起的科技企业正在提供此类服务。

以国内产业物联网解决方案提供商"格通科技"为例，在其智慧公寓解决方案产品中，我们看到，包括客厅、卧室、厨房、浴室、玄关、公共区域都设置了多样化的智能家居。

二、利用智慧公寓系统降本增效

目前，租赁住房面临成本高企的难题，重资产企业拍地建房、中资产企业包租都是一笔大额支出，在除去房屋装修、员工费用等支出后，最终能获取的利润可能十分微薄。降本增效，一直是租赁住房的核心关注点。而智慧公寓系统可以从以下三个方面为公寓降本增效。

1. 无线家居提升公寓空间利用率

租赁住房房屋内部空间有限，智能家居通过Zigbee技术实现无线连接，具备可移动性、强扩展性的优点，避免了凿墙布线的麻烦，大大地提高了室内布局的灵活性，而且也不需要太多的承载家具，对室内空间的利用更加有效。留出

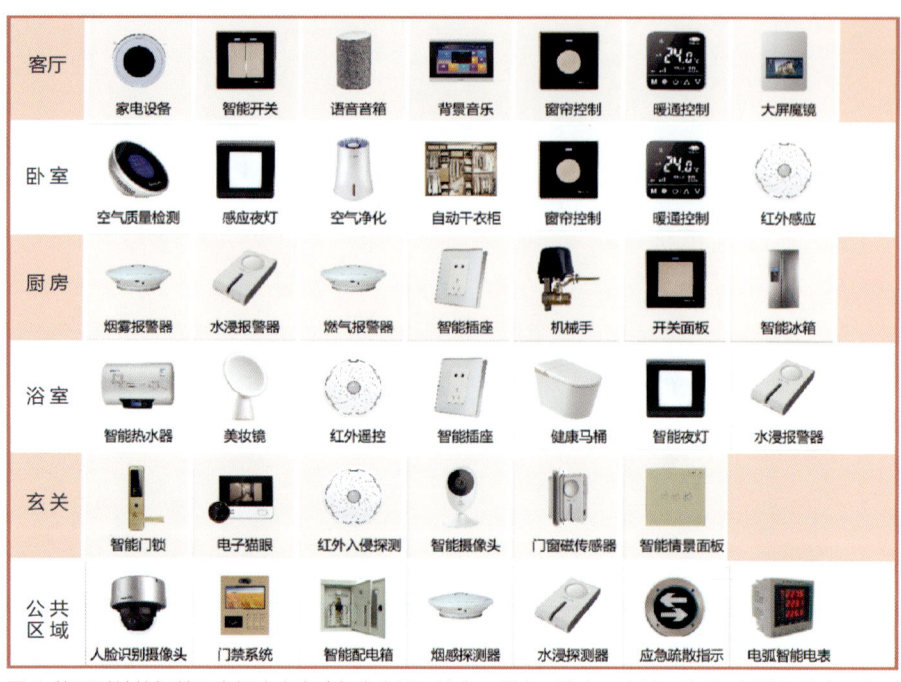

图2 格通科技的智慧公寓解决方案（包含客厅、卧室、厨房、浴室、玄关、公共区域的智能家居）

更多的空间供公寓设计者发挥，还可以循序渐进地根据租客实际需求进行深化配置。而且 Zigbee 技术功耗低、成本低，目前在住宅市场上受到许多小户型业主的青睐。

2. 线上智慧平台节省人力成本

租赁住房提高运营人员效率非常关键。智慧公寓系统能够推动公寓管理走向智能化、移动化、高效化。通过智能设备的数据感知，将各个门店接入云平台，建立数据运营中心，将原本孤立的各个板块打通，扩大人力管理半径，将管家从重复繁琐的劳动中解脱出来，有更多的精力投向组织活动、经营公区等精细化工作上。比如，格通科技的智慧公寓管理平台，能够实现从租客看房到退房整个过程无须人工介入。租客在线预约后可实地自助看房（系统给予临时权限），满意后在线签约并支付租金；系统完成认证后，给予租客权限；合约期满后，系统收回权限，后台自动清算水电费等，并解除租客设置的所有自定义权限。

3. 利用大数据分析用户偏好

精准描摹租户需求对租赁住房非常重要，对于公寓运营商来说，智能设备的重要价值还在于获取一手租客大数据。公寓内的智能设备是获取用户大数据的载体。通过物联网、大数据技术，运营人员可以实时监测各个房间的水电和各项智能设备的使用情况，公区的健身房、洗衣房、厨房等，都可以实现数据互联。基于这些一手大数据，通过专业的数据分析手段，公寓方能够较为精准地分析出租客的360°画像，切实根据目标租客需求优化配置，做到精准运营。

目前来看，真正意义上的智慧租赁住房还非常少，公寓运营者均处于观望和摸索阶段，在智慧公寓技术日益成熟的当下，公寓企业需要抓住机遇期，智能化升级自身产品。尤其是在利用智能设备解决痛点的基础上，进一步探索智慧公寓的无限可能性。

表2 无线智能家居系统与有线智能家居系统的对比

	有线系统	无线系统
安装复杂程度	铺设安装复杂，必须在前装进入	较为简单，前装后装皆可
稳定性	高	一般
成本	安装成本高，维护成本高	安装成本低，维护成本低
移动性	没有	有
扩展性	较弱	较强
是否可以DIY	空间很小	任意选配，自由程度高

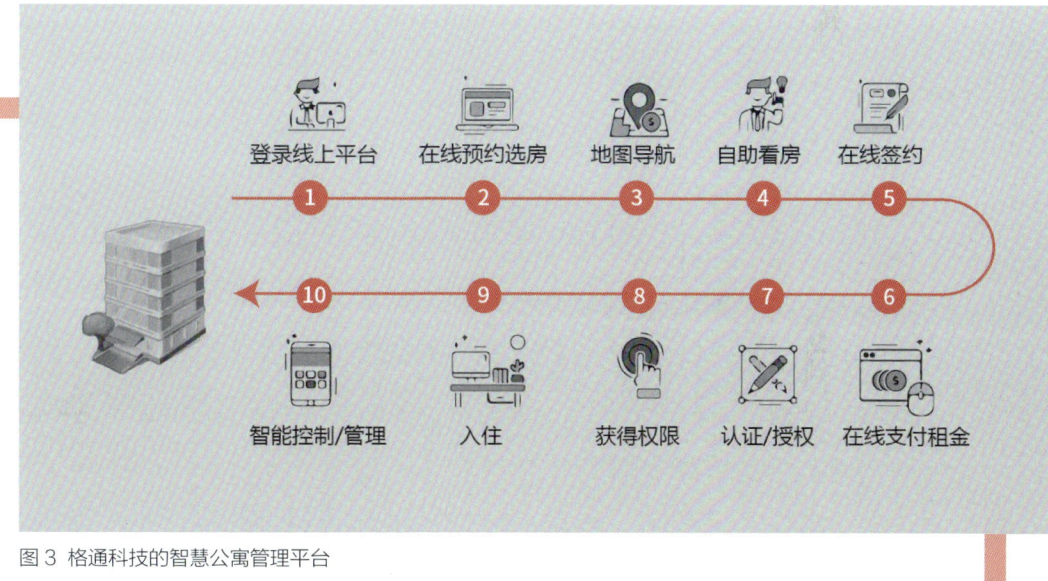

图3 格通科技的智慧公寓管理平台

作者简介

邱明华
亿翰智库产业研究院院长；

范德金
亿翰智库产业研究院研究员。

新时代租住　NEW ERA RENT

SECURITY CHALLENGES FACING THE INTERNET OF THINGS
物联网面临的安全挑战

周函 / 文

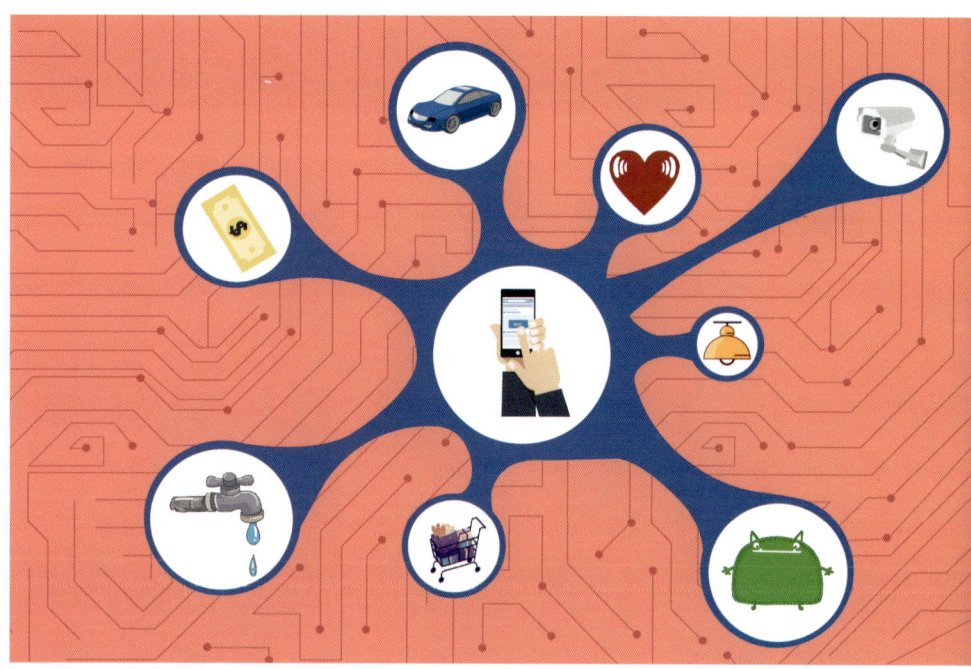

物联网的出现使人们的生活更加智能化,但其本身是一柄双刃剑,带来便利的同时,也带来了安全方面的威胁。物联网(IoT)将一切都连接到互联网,是数字化转型时代最热门的技术之一,对智能家居、自动驾驶汽车、智能电表和智慧城市提供了支撑,是智能化领域中的核心技术。但是,物联网的发展,未来正面临着众多的安全挑战。

在过去几年中,物联网设备的数量正在迅速增加。根据 Gartner 的分析,到 2020 年,全球将有超过 260 亿台物联网连接设备,是 2016 年 60 亿台的 4 倍以上。物联网技术支持在各种传统设备和自动化设备之间的通信,改变了原先的管理方式,节约时间和成本,带来巨大的价值。但物联网从诞生的第一天起,其安全性问题就始终存在。

在物联网运营和发展的过程中,因为一些特定的安全事件,让企业和公众对物联网技术和设备难以完全信任。过去几年,一些智能设备,甚至包括自动取款机都遭到了黑客攻击,这不仅让消费者,也让企业对于物联网的信任产生了动摇。下文继续深入探讨物联网在智慧城市、智慧家居领域,未来最关键的安全挑战。

一、无法及时更新的硬件和软件

由于物联网市场的迅猛发展,设备和用户越来越多,制造商往往把最大的注意力集中在生产新的物联设备方面,而没有对已有设备的安全性给予足够的重视。

这意味着很多物联网设备在运行的过程中没有获得必要的更新,甚至其中一些设备从未获得过一次更新。因此,即便这些产品在生产、购买时是安全的,但随着投入使用,黑客会逐渐发现软硬件错误或安全问题。物联网设备随着时间的推移,会越来越容易受到攻击。

如果制造商不能定期发布硬件和软件的更新,设备将始终处于易于攻击的状态。安全专家指出,对于连接到互联网的任何产品,定期更新都是必备的。在没有更新的情况下,不仅客户数据,包括生产厂商自身的数据都有可能被泄露。

The INTERNET of THINGS

二、使用缺省用户名和密码

许多物联网厂商在销售设备的同时，向用户提供缺省的用户名和密码，比如管理员用户名使用 admin 或 root 以及简单密码。黑客的初步攻击通常都从缺省用户名和简单密码起步，哪怕他们只知道用户名，也能够使用暴力攻击的方式来入侵设备。常见的僵尸网络攻击均使用缺省用户名攻击联网设备，往往会给用户造成严重后果。

因此，物联网用户应该在获得设备后立即更改缺省凭证，这不仅对智能家居领域的最终用户提出了要求，制造商同样需要在设备使用指南中对此提出建议。

然而，由于更改缺省的用户名密码会带来使用和后续维护的不便，或许很多用户和运营商宁可将这些物联网设备保持在易于受到攻击的状态（不对缺省凭证进行更改）。

三、恶意勒索威胁

各种互联网技术的快速发展，也使网络攻击的方式不断变化。如今，网络犯罪已经发展到了一个新高度，从简单的入侵破坏，转向控制和锁定设备。在这种情况下，黑客入侵后，会禁止用户使用自己的设备。

例如，黑客入侵物联网摄像头系统，该系统安装在家里或办公室，可获取用户的私密信息。黑客入侵成功后，加密网络摄像头系统不允许用户访问任何信息。由于系统包含个人数据，黑客会要求用户支付大笔金额来恢复他们的数据和控制权限。这种典型的恶意勒索事件已经多次发生，用户为了恢复重要的隐私数据，或防止数据泄露，不得不屈从于黑客的勒索行为。

在智能家居领域，物联网摄像头等应用普遍存在，类似的安全挑战的防范、应对和法律保护都将成为需要解决的问题。

四、引入人工智能技术预测和预防攻击

随着技术的发展，网络犯罪的技术也在不断提升，新的安全威胁技术层出不穷。在这种情况下，物联网运营商不仅要找到漏洞并进行修复，还需要学习预测和预防新的威胁

攻击。运营商通常引入基于人工智能的网络监控和数据分析工具，在物联网云端对用户行为、设备连接等数据进行分析，以预测安全问题。

这方面的挑战来自多方面，除去人工智能技术分析结果的有效性，即便能够通过 AI 技术给出安全预测和对策，由于物联网中的设备始终处于运营状态，需要即时处理各种数据，运营方对其进行调整和优化仍然十分复杂和困难。换而言之，存在安全隐患的物联网系统仍然可以运行，但对其进行草率地调整可能造成整个系统的瘫痪。

五、无法确定设备是否被入侵

从本质上来说，物联网设备无法保证 100%免受安全威胁和破坏，但物联网设备的安全问题在于，大多数用户无法知道他们的设备是否被黑客入侵，甚至相当多用户并不知道自己拥有多少物联网设备。

当物联网设备和服务的规模越发扩大时，即使对于物联服务提供商来说，也很难监视所有设备。物联网设备所需的通信应用，服务和协议随着设备数量显著增加，要管理的事物数量也在增加。大部分物联服务提供商并不具备对整个网络的实时监控能力，而对于物联服务的使用者而言，随着时间的推移，甚至可能"遗忘"自己拥有的物联网设备。

据安全专家分析，在运营的物联网系统中，许多设备即便已经被黑客攻击，也会保持继续运行的状态，而用户和服务商对其情况一无所知。

六、数据保护和安全挑战

物联网并不是单独存在的，以智能家居领域为例，除了位于用户端侧的物联设备外，通信网络、云服务均需要具备足够的安全措施。在这个相互关联的世界中，数据保护变得非常困难，因为智能家居数据在几秒钟内就可以从设备传输到云端。在移动设备、传输网络和云端，均可能存在对用户和服务商有关键价值的数据。

所有的智能家居数据都需要通过互联网传输，每个环节都可能导致数据泄露，如果无法保证所有传输或接收数据的设备都是安全的，就有可能产生数据泄露的情况。

一旦数据泄露，黑客就可以将其出售给其他侵犯数据隐私和安全权利的公司。此外，即使消费者方面数据没有泄露，也出现过服务提供商不遵守法规和法律，导致安全事故的案例。

七、自动化维护的挑战

物联网的规模远远超过现有的其他网络，从数据收集和网络的角度来看，连接的设备生成的数据量极大，目前的物联网运营商往往使用 AI 工具和自动化系统对其进行管理。物联网管理员和网络专家则专注于设置采集和分析规则，以便快速检测流量、数据和工作状态等模式。

但是，使用这些人工智能和自动化工具本身也存在风险，因为配置时即使出现微小错误也可能导致服务中断。这对于医疗保健、金融服务、电力和运输行业的大型企业而言是无法接受的严重安全事故。

八、智能家居隐私安全

如今，越来越多的家庭和办公室通过物联网连接变得更加智能，大型建筑商和开发商正在通过物联网设备为公寓和整栋建筑提供智能家居服务。虽然智能家居的自动化配置带来了便利，但并不是每个普通用户都知道面对物联网安全应该采取的最佳措施。

很多情况下，即便物联网系统并没有被黑客攻击，并不处于通常理解的被破坏的情况，但即使只是 IP 地址暴露，也可能导致住宅地址和用户的其他联系方式暴露。这些看似无害的普通信息仍然可能被攻击者或相关方用于不良目的，使智能家居的用户面临潜在风险。

九、自动驾驶等关键安全性

自动驾驶车辆以及使用物联网服务的车辆情况则与智能家居不同，一旦处于暴露状态，则可能给使用者带来极大的危险。智能车辆如果被黑客远程劫持，进入并控制汽车驾驶，将给乘客造成生命安全的威胁。在这些关键安全性方面，物联网的便利性和安全性的平衡无疑需要再作评估。

十、结语

毫无疑问，物联网的出现是一种技术和商业的进步。但是，由于其万物互联的特性，各种安全威胁的影响也被放大。制造商、服务商和网络安全研究人员在努力打造物联网产品和服务的同时，必须将相当大的精力放在安全挑战的应对方面，仍有大量工作需要去做，任重而道远。

作者简介

周函
中通服软件技术有限公司云事业部副总经理。

城方活力社区·城寓江月路店

INTELLIGENT INFORMATION MANAGEMENT SERVICE PLATFORM HELPS ENTERPRISES OPERATE EFFICIENTLY

智慧信息管理服务平台助力企业高效运营

张云霞 / 文

当代社会是一个经济全球化、社会信息化的时代，在这样的生活背景下，企业面临的市场竞争也日益激烈，因此企业需不断引入新技术以提升自身的竞争力，信息化技术的发展顺应了时代发展的规律，在企业的管理和发展中可起到有效的规范作用，为企业的发展创造有利的环境和优势。

上海城方租赁住房运营管理有限公司（以下简称"公司"）是上海地产集团租赁业务专业化、市场化运作的运营服务公司。

公司紧紧围绕上海地产集团发展战略及其功能类企业职能定位，致力于成为市政府认可的功能型品牌和地产集团的重要业务板块，打造具有标杆性市场化运营机制的混合所有制上市主体。以"让更多人安居都市，宜居生活"为愿景，为留在城市的各类人才提供更好的生活和发展服务。

在公司的不断发展中，日常工作会出现一些沟通或管理上的问题，依据这些会产生矛盾点和问题点，公司规划了多套协助公司日常工作的系统，通过系统的管控，节省了沟通的时间和成本，合理分配公司的资源、处理日常遇到的一些协同调配的矛盾。

一、EAP 协同办公平台

随着企业业务的不断增多，业务流程也日益复杂，各部门间的关联和交互愈发频繁，开始经常出现沟通不畅、信息无法及时获得、管理效率低下、难以统一管理和协调的问题。针对这些问题公司引进了 EAP 协同办公平台。

EAP 包含个人工作区域、协同办公管理、供应商管理、采购管理、成本管理等多个管理模块，在平时的工作中可清晰明确地找到相应模块下的业务管理，进行业务流程的操作，系统开发了模糊搜索的功能，输入流程的关键词即可搜索到对应的流程进行发起审批。

公司可以在 EAP 平台上进行日常的办公申请流程，例如用章申请流程、单项采购计划申请流程、合同申请流程、付款（报销）申请流程等，方便随时发起流程申请或者进行流程审批，大大节约了日常申请审批的时间。

EAP 平台含有新闻公告模块，使企业的规章制度、新闻简报、技术交流、公告事项等都能及时传播，而企业员工也能借此及时获知企业的发展动态，实时查看公司发出的公告，避免因为未接收到相应的公告通知，造成工作上的失误和延时。

EAP 会议室预订和管理模块，支持随时查看会议室的

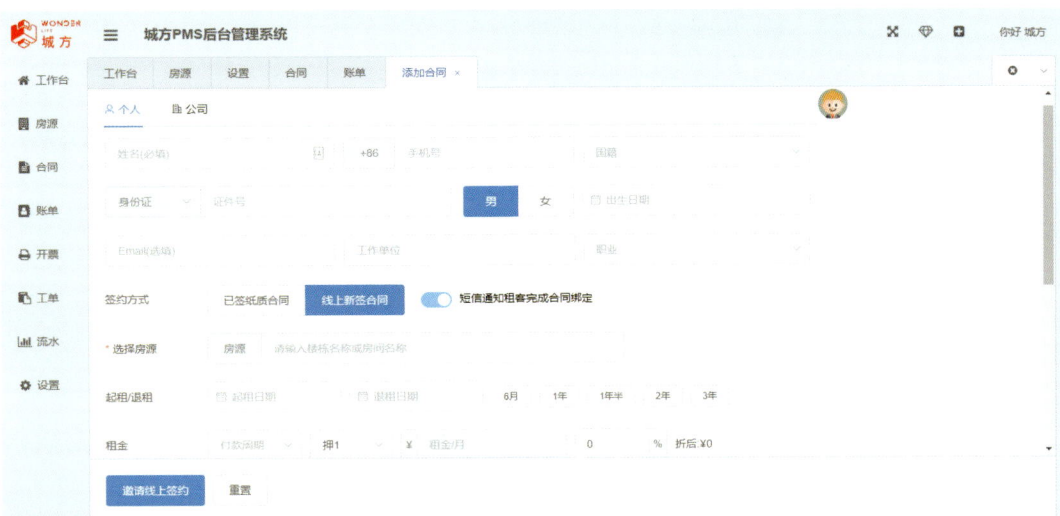

图 1 EAP 协同办公平台

预定情况、提前预订会议室、合理安排会议的时间。

　　EAP 平台内嵌了 E-HR 平台，可以在 E-HR 平台上进行请假、加班、出差等日常人力流程的申请，还可以在平台上查看自己的考勤记录、工资条等个人信息；E-HR 系统含有移动端，支持在移动设备上进行日常的上下班打卡，也可在移动端进行流程申请和流程审批等操作。

　　EAP 平台还汇集了发票查询、企业网盘、公司官等链接，只需登录一个平台，即可相应地链接到其他多个网站进行业务处理，无须再一个个进行网址输入、账号密码输入等，方便又快捷。

　　EAP 将企业的业务都集中到一个办公平台中，制定标准，提高企业团队化协作能力，最大限度地释放人的创造力。

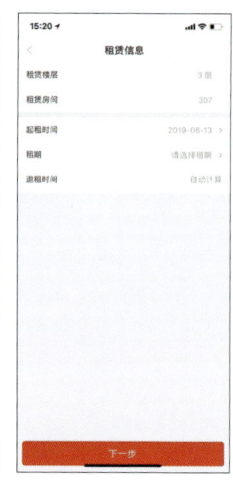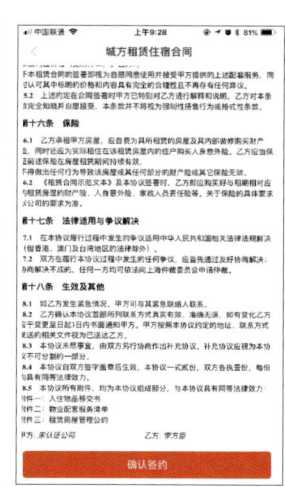

图2 X方APP

二、房源管理系统

企业含有运营租赁的业务，面对越来越多的房屋租赁管理，管理房源、客源成了运营管理必不可少的一环，针对这样的业务情况，企业引进了房源管理系统。

房源管理系统包含项目管理、楼栋管理、租客管理、合同管理、账单管理等多个业务模块，将整个租赁环节从房屋的建立到房屋的出租，再到合同和租客的管理，以及租客的退租等全部管理，做到业务的闭环。

运营在系统中维护项目和房源信息，项目现场的店长管家在系统给客户预订房间、签订合同、收款，可以在房源系统上实时查看每个项目的出租情况，按照不同出租率制定每个项目的运营对策；财务可以在房源系统上查看账单，对账核销，并针对已收款的账单开具电子发票。

房源系统针对不同的业务角色，都可设置不同的系统操作权限和数据查看权限，避免了很多系统误操作的情况。

三、X方APP

X方APP中承接了房源管理系统已上架的房源，租客可下载APP自行注册。租客可在APP中查看项目的详情、查看上架房源的详情。

下载APP的租客可在APP中预约看房，管家或店长会在房源系统中查看到对应的预约记录后跟进，租客也可在APP查看房源信息，每个房源都会有对应的视频和图片，租客可根据自己的喜好选择房间，在选中的房间详情中可选择预约看房或是直接线上签约，无须到项目现场，方便又快捷。租户点击了预约看房，店长或管家会在房源系统中查看到预约信息，从而进行后续的跟进工作。

签订合同后的租客可在APP中查看已签订的电子合同，可实时地查看租金、押金账单、水电费用账单等，可在线支付账单金额。

APP还包含线上商城、城方堂等小程序，租客可在商城上进行商品下单、购买饮料等。租客也可在APP上进行报事报修、家政保洁的下单等。

四、互联物联平台

互联通信平台赋能"最后一公里"通信网络、综合业务受理、驻地网管理、工程管理和产品管理功能,形成全面考量驻地网资源管理、业务开通和保障、网络监控、应用与数据分析的生态型驻地网管理平台。系统以综合资源的管理体系,统一的网络监控平台,运维支撑生命周期全过程的在线管理方式和业务开通的标准规范流程管控,全面提升了客户运维体验。

物联数字运营管理平台是综合用户、房源、物联管理为一身的智能化房屋租赁运营管理平台。主要功能有用户、角色、组织机构、权限等系统管理,房源管理,物联设备管理,智能门禁系统管理,工程

图3 城方互联物联平台

管理，供应商管理，设备故障申告，水电账单管理，IOT 同步，物联场景，管家管理，公告发布等。

互联和物联平台的开发，连通 APP 与设备间的联动，使得用户可以在 APP 移动端控制灯、门、空调等智能化设备，让租户切实感受到智能化电器带来的便捷，可在顺畅的网络下办公、网购、观看视频等。

除上述系统外，企业还有很多的业务系统，协助公司的高效运营。通过信息化做到了信息的采集、录入和处理，让管理层实时地通过展示的数据看到公司的绩效，相应地制定配套的运营策略。在这些信息化系统的辅助下，企业员工也能提高工作效率。在未来，公司只有具备更完善的信息化系统，才能更好地发展业务。

作者简介

张云霞
上海城方租赁住房运营管理有限公司信息服务中心高级主管。

城方APP客户端 X方　　智慧综合社区运营服务系统

全数字云平台　实现万物互联

扫描二维码下载城方APP

客户端·4大服务平台

房源租赁管理平台	房源登记备案/住户登记审核在线选房预定/在线签订支付补贴申请审核/租后服务支持	智能生活服务平台	商户管理/生活服务平台供应商管理/自营服务平台结算管理/社交信息平台
智能社区服务平台	物业综合管理/智能家商管理智能楼宇管理/智能办公管理	智慧办公服务平台	工位管理/会议预定智慧办公/企业信息平台孵化服务/研发融合

管理端·10大管理平台

房屋资金管理	客户信息管理	商户消费管理	服务资源管理	办公会议管理
合同认知管理	支付信息管理	能源消耗管理	物流配送管理	数据处理分析

生态实践

NEW POWER OF SMART APARTMENT LIFE IN THE TRANSFORMATION OF HOUSING LEASING

住房租赁转型中智慧公寓生活新动力

海尔智家 / 文

图1 上海地区海尔智家001号体验中心

随着智能家电、智能家居等上下游产业链日趋成熟，智能化产品与系统方案在公寓领域的应用使其实现智能化升级，智慧公寓应运而生。而这些产品与方案的加入不仅提升运营效率，增强产品体验感，新的智慧型服务也将成为公寓营收的重要增长点。

不过目前来看，智慧公寓从趋势到现实、再到推动普及，依然存在如家电家居不配套、硬件与平台不连通、资金资源整合难等藩篱。以海尔为例，凭借智慧家庭"5+7+N"全场景定制化智慧成套解决方案，以区别于行业的"成套""定制""迭代"的差异化优势，为智慧公寓的发展注入了新的活力，通过智慧赋能人民生活。

一、政策、经济、新技术为智慧公寓添起一把火

伴随"租购并举"理念的出现以及贯彻执行，中国房地产迈入"3.0"时代，在这种大的背景环境下，利好政策、经济发展、新技术兴起又共同为智慧公寓添起一把火。

政策引导住房租赁市场的持续发展。十九大报告提出："坚持房子是用来住的、不是用来炒的定位，加快建立多主体供给、多渠道保障、租购并举的住房制度，让全体人民住有所居。"在政策的引导推动下，住房租赁市场的培育成为中国房地产的大势所趋。据中金证券估算，我国当前约有1.5亿城镇租房人口，对应租金规模超过两万亿元。目前，万科、宝龙、金茂等头部地产企业均已启动长租公寓品

新时代租住 NEW ERA RENT

图 2 "海尔智家" 智慧公寓体验中心

牌，此外国资国企和各路资本也陆续入局，可以预见，住房租赁市场将进入快速发展期，提供包括租赁、租赁交易及数据平台、物联基础设施以及金融等服务内容。

消费升级推动用户品质、精致的态度转变，房屋租赁迎来智能化升级节点。目前我国正处于第三次消费结构升级转型过程中，居民的消费水平有了大幅度的提升。在这一过程中，居民对生活居住水平的提高也有了新的要求。安全性、智慧性、科技性成为"90后""00后"等主力消费群体的着重关注点，因此对于租赁公寓的生活环境有了高品质、高智能的消费需求，细微到如何让洗衣服这件事更简单、如何在室内用智能门锁延迟阻止危险发生、不会做饭也能通过智能厨电变身大厨等。

AIoT，5G，AR/VR等物联网技术的兴起，让智慧公寓变成现实。在租户体验感提升的诉求下，对公寓智能设备的需求量和使用量与日俱增，且对设备功能的需求日趋多样化和实用化。尤其是进入万物都可连接的时代，打造场景化的体验已成

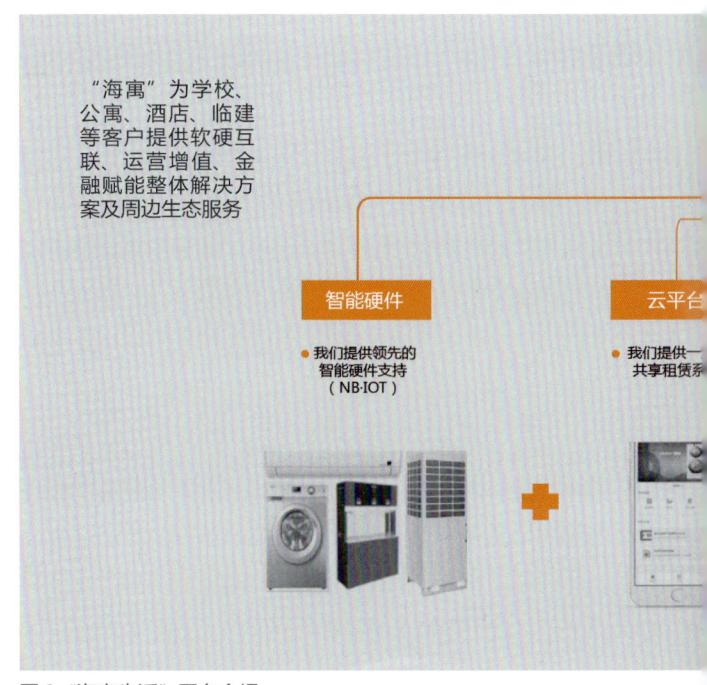

图 3 "海寓生活" 平台介绍

为每个公寓品牌的转型升级核心,而 AIoT,5G,AR/VR 等物联网技术的兴起,让这种想法成为现实,也进一步开拓了智慧公寓的发展前景。

二、智慧公寓发展现状:面临 3 大挑战

如今,智慧公寓的落地普及一触即发,但从实际落地来看,要想实现大规模智能化长租公寓的普及,依然任重而道远。摆在公寓运营商面前的难题主要在于智能硬件的体验、软件平台的联通,以及资金链条管理运营等方面的掣肘。

首先,硬件方面的联通、配套没有统一标准。目前,智能家居行业多数企业仍没有解决最基本的"互联互通"问题,不同品牌之间产品类似"孤岛",难以相互联通,或者只能用手机 APP 进行远程控制,远远达不到可以提升生活水平的程度。此外,家电家居风格难配套,因为多数家电企业不具备家居建材资源,公寓运营商需要重新寻找资源,再按照家电、家居双方风格进行协调配套,时间和投入成本会很高。

其次,管理平台难以跟硬件联通。管理平台在长租公寓运营中的重要性,体现在对房租的定价促销、合同管理、运营人员管理、租客缴费管理、IoT 系统的接入、投诉建议的处理等方面。传统的管理模式无法实现对人员和房源运营的实时监测,管理超过几百套房源就会导致运营效率低下,更不具备物联网设备的接入能力。

最后,投资期限长、盈利空间小成行业隐忧。目前国内品牌公寓的成本费用主要由拿房成本、获客成本、装修摊销、人力开支、增值税构成,一个典型公寓运营公司的息税前利润率在 10.2% 左右,按息税净现金流测算的投资回收期平均在 4～5 年。因此,长租公寓领域并不是个盈利空间丰厚的行业,在目前产业链其他增值业务盈利模式尚不成熟的情况下,企业规模扩张后的盈利压力较大。

三、海尔为智慧公寓发展注入新活力,引领行业转型升级

从 2006 年布局智能家居开始,海尔基于物联网 13 年的探索和积累,以智慧家庭"5+7+N"全场景定制化智慧成套解决方案入局智慧公寓。其中,"5"是指智慧客厅、智慧厨房、智慧卧室、智慧浴室、智慧阳台在内的 5 大生活空间,"7"是指全屋空气、全屋用水、全屋安防等 7 大全屋解决方案,在家庭中每一个空间内以用户需求为中心可以定制 N 种场景。海尔以智慧赋能生活,将智慧公寓现行面临的 3 大挑战逐一解决。

首先,是海尔智慧家庭"5+7+N"方案在产品上成套、定制、迭代的 3 大优势。

成套。在于海尔有 30 多年硬件领先优势,而且提前布局了 U+ 智慧生活服务平台,唯一实现全屋产品成套、方案成套、家电家居成套,可以为公寓运营商提供一站式解决方案,同时家庭装修风格可以保持整体性、一致性。例如,当公寓运营商分别打造小资、高端、精英 3 种不同风格的公寓空间时,无须搭配多个品牌的产品套系,海尔智慧家庭可以

提供一站式解决方案，并且连同前期水电走线、墙纸地板、沙发电视柜等全屋家具家电，一次成套配齐。

定制。在于海尔拥有8大产业板块140个产品品类，可以实现产品、方案、场景的自由定制，进一步提升公寓运营商的口碑和差异化竞争力。在产品定制上，可以实现7大品牌全产品线的深度产品定制；在方案定制上，可以实现客厅、厨房、浴室、卧室、阳台5大空间的7大方案定制；在场景定制上，不仅可以为用户定制回家模式、网器动作、时间等，而且还能提供个性化的主动服务，如提醒净水滤芯的更换时间、空调滤网的清洗等。

迭代。是指智能硬件自主研发，技术、性能可持续迭代。相当于家里有一个智慧管家，海尔让生活变得简单、省事，越迭代越懂用户需求。比如洗衣机的洗涤程序、空气方案的各种使用习惯都可以在用户使用中完成程序更新、自动升级。智能热水器可以自动记录用户的使用习惯，3~5次后就能学会用户的习惯，不需要用户再重复。

其次，海尔可提供在智慧公寓转型落地过程中所需的平台支撑以及资金运营方案。海尔有行业独有的海寓物联网软硬一体化解决方案——"海寓生活"平台，可通过连接智能家电、家具、家居、安防、健康、能源等供应链资源，以及银行、基金等金融资源，为学校、公寓、酒店、临建等客户提供软硬互联、运营增值、金融赋能整体解决方案及周边生态服务，帮助公寓运营商降低公寓装修改造成本，实现"轻资本"运作。运营商可将有限的资金用来更快速地抢占新物业。

此外，"海寓生活"平台依托于海尔物联网优势，以智慧家电为入口，通过持续交互用户，提供包括设计、租赁、配送安装等在内的一站式增值服务。运营商可通过平台租赁智慧、低能耗家电产品，降低公寓运营期间能源成本消耗。

基于产品、平台和运作模式等方面的优势，海尔在智慧公寓领域已经取得丰硕的合作成果。资料显示，海尔已与TOP公寓的49个品牌达成战略合作，与自如、蛋壳、魔方等品牌公寓均联合建设了智慧公寓。此外，还在全国落地了76个智慧家庭体验中心、193个智慧项目、151个智慧社区。

物联网时代智慧家庭引领者海尔，以定制化的智慧电器、覆盖全国的物流配送、强大的金融体系以及完善的售后服务，为地产、酒店、教育、制造、金融、医疗、公共交通、广电娱乐等二十大行业及政府机构提供智慧电器集成解决方案，实现双方共赢共享共创价值，助力行业智慧升级，推动智慧赋能生活。

而这背后，在于海尔布局全球的10+N开放创新研发体系的技术支撑。一是海尔的研发资源、创新均来自全球，保证了科技研发的领先性；二是开放，海尔"5+7+N"解决方案中的N就是开放的最好说明，只有开放才能并联全球资源为我所用，实现创新无止境。据了解，目前海尔在全球设立了25个工业园和122个制造中心，且本土化制造版图仍在扩张，其151项技术被行业模仿就足以证明海尔创新实力的领先性。

在物联网及新兴技术浪潮的席卷之下，房屋租赁领域正在面临智能化转型节点，而智慧公寓在政策、行业和用户的呼喊之下，已经由海尔率先落地并加速普及。与此同时，海尔智慧公寓也将成为模范样板，带动行业打破落地瓶颈，加速智慧赋能生活的时代升级。

生态实践

图4 "海尔智家"全球生态品牌分布

图5 城方活力社区·城寓江月路店

APPLICATION OF ASSEMBLED INTELLIGENT SYSTEM IN RENTAL HOUSING

租赁住房中装配式智能系统的应用

林骁骋 / 文

装配式建筑，即按规范模数使房屋建筑构件在工厂提前生产，施工现场通过模块化组装，大大提高了建筑施工效率，节约施工成本。2017年3月23日，住建部在《"十三五"装配式建筑行动方案》《装配式建筑示范城市管理办法》《装配式建筑产业基地管理办法》中指出："到2020年，全国装配式建筑占新建建筑的比例达到15%以上，其中，重点推进地区达到20%以上，积极推进地区达到15%以上，鼓励推进地区达到10%以上。"随着装配式建筑的逐步推广，配套的装配式内装也引起了广泛关注。

中国产业研究院数据显示：2017年中国租赁人口已达1.9亿人，租赁市场总规模已达1.3万亿元，到2030年，全国租赁人口将达2.7亿人，市场规模将达4.2万亿元。上海住房发展"十三五"规划明确新增租赁住房70万套的总体目标，这为装配式内装体系作为一种租赁住房内装解决方案奠定了市场基础，有利于租赁住房市场培育和拓展租赁住房发展空间，为各类人群提供更好的生活服务。

一、租赁住房与装配式智能系统结合

在土地资源有限的背景下，租赁住房往往属于存量更新改造项目，涉及拆旧、二次结构改造、一次机电及二次机电改造、装饰等，复杂性高于一般意义的装配式装修项目。在目标成本、项目周期、施工环境、设计方案等已固化的前提下，提供与之适配的专属装配式智能系统及内装体系，针对项目所处的地理位置、周边环境，适当微调，使得租赁产品居住体验方面得到提升。

装配式智能系统结构能灵活地适应运营的迭代更新和维护需求。强调运营需求及租户管理，要求高于普通住宅，标配电视、网络（管理与客用宽带/Wi-Fi）。此外，增设水电能源计量系统，远程数据和通断管理，并接入智慧运营系统，为大数据收集服务。针对租赁住房非私有物业和财产，安全及运营管理系统需求高的特点，智慧系统往往会按租户面积、设施配置等，在线制定、管理租房计费标准。

其次，装配式装修具有多样化设计特点，能灵活划分空间，搭配智能系统使室内装修更加丰富多元。装配式智能系统及装配式内装作为装配式建筑体系的重要组成部分，能促进住房租赁产业化发展。

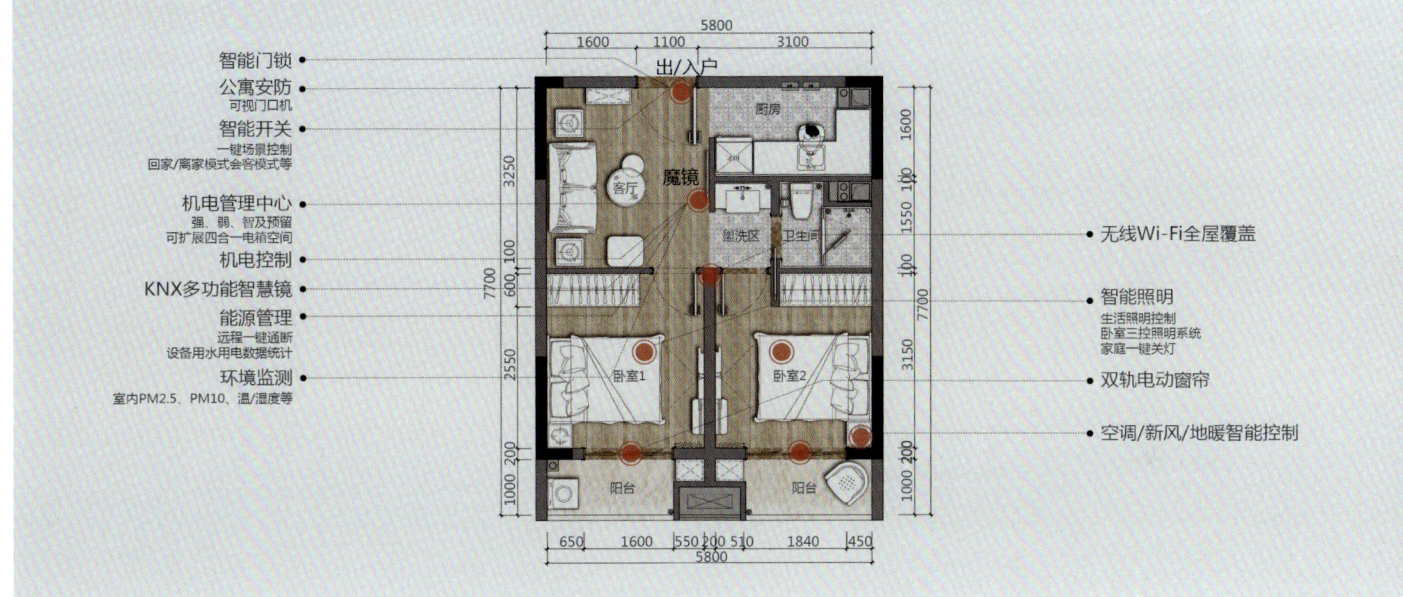

图1 租赁住房智慧系统

二、租赁住房装配式智能系统与内装系统概述

1. 智慧公寓 KNX 系统

随着智能化的普及,国内住宅市场迎来了智能化狂潮。租赁住房的特性介于酒店和传统住宅之间,使得传统酒店客房控制系统 (Room Control Unit, RCU) 和住宅智能化系统都无法完美地应用于租赁住房。租赁住房既需要让租住者享受舒适、便捷、安全的生活,也要考虑建设管理方对于系统稳定、经济实用、管理智能化、维护标准化的要求。

以全筑股份的智慧公寓 KNX 系统为例,该系统以全球住宅和楼宇控制唯一标准 KNX 系统为核心(KNX 有线协议是唯一的全球性住宅和楼宇控制系统标准)。KNX 技术于 2003 年被批准为欧洲标准(CENELEC EN50090);GVS 视声参与将国际标准(欧洲标准 EN50090)转换国家标准《控制网络 HBES 技术规范——住宅和楼宇控制系统》(GB/T 20965-2013)。

分布式系统的先进结构,无须改动传统布线方式,智能线路的成本增加也在可控范围内,为标准住宅机电体系且可逆、可变、可转的强大组合功能。

智能公寓具有如下功能和特点:

(1)手机远程一键断电(照明、插座、除冰箱、空调外机、弱电设备以外),远程查看家中电力能耗、用电量情况。

(2)室内空气质量实时监测,读取家中温度、湿度、PM2.5 值等数据,并可联动空调、新风实现环境联动控制。

(3)智能照明控制,住户可根据使用习惯自定义照明场景,实现一键控制。

(4)电动窗帘系统,住户可通过手机 H5、APP、微信客户端、遥控器,实现一键开合,并联动照明场景。

(5)中央空调、新风系统远程控制,当住户下班回家、出国旅游时,可通过微信、手机 H5 等操作方式,远程实时

图 2 智能魔镜系统

场景模式本地和远程控制,即使出门在外也可对家中一切掌握手中,一键离家、一键回家、一键睡眠等场景设置让居住更舒心,抑或是简单说几个字即可轻松实现智能语音控制。

3. 装配式隔墙

装配式隔墙的核心在不涉及承重结构的前提下,采用装配式技术快速进行室内空间分割,快速搭建、交付、使用,为饰面墙板提供支撑体系。轻质条形复合墙板具有实心轻质、强度高、抗冲击、吊挂力强、保温隔热、隔音、防火、防水、易切割、可任意开槽、表面平整度高无须批荡,环保等综合

开启或关闭空调、新风系统,并可分区域调节室内温度、风量。

(6)进户门外二次可视门铃和对讲、自动侦测、抓拍、远程查看、人脸识别、可疑信息自动报警,并可与梯控实现联动。

将传统住宅智能化和 RCU 完美结合,定义了租赁板块智能化的新标准。系统包含的智能门锁、人脸识别可视对讲、智能照明、智能窗帘、水电能源管理、智能空气检测、智慧魔镜等产品让租住者更安心,租赁方的管理更省心。

2. 智慧魔镜系统

墙上的一面看似平凡的穿衣镜,却充满着大智慧:当你靠近它的时候,超大触控屏幕随即被唤醒,自动开启了人脸识别可视对讲、租赁信息发布、家庭能耗显示、空气质量显示、社区互动、家庭语音留言、音乐影音娱乐等丰富功能;智能水电能源管理可实时了解家中水电能耗情况,清晰掌握每月账单;智能空气质量检测使得房间内的空气温度、湿度和 PM2.5 数据一目了然,打造更健康舒适的居住环境。

通过智能面板、手机微信、智慧魔镜即可实现各类智能化与

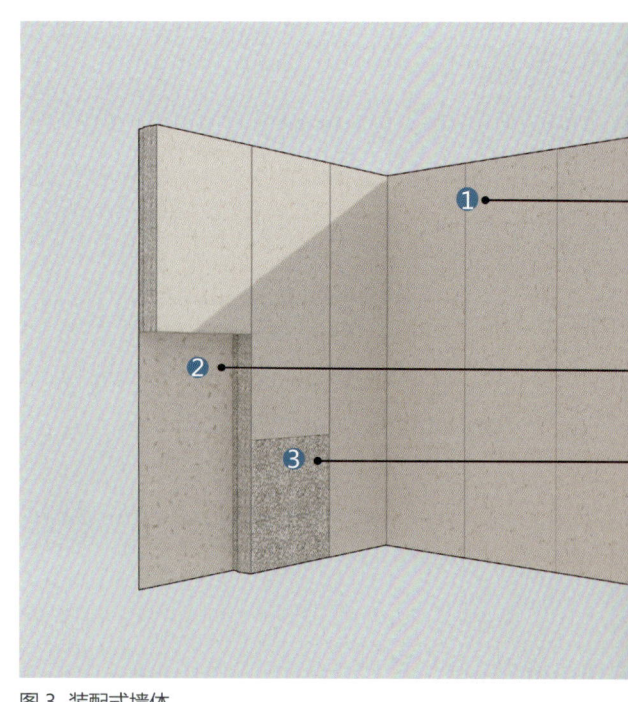

图 3 装配式墙体

生态实践

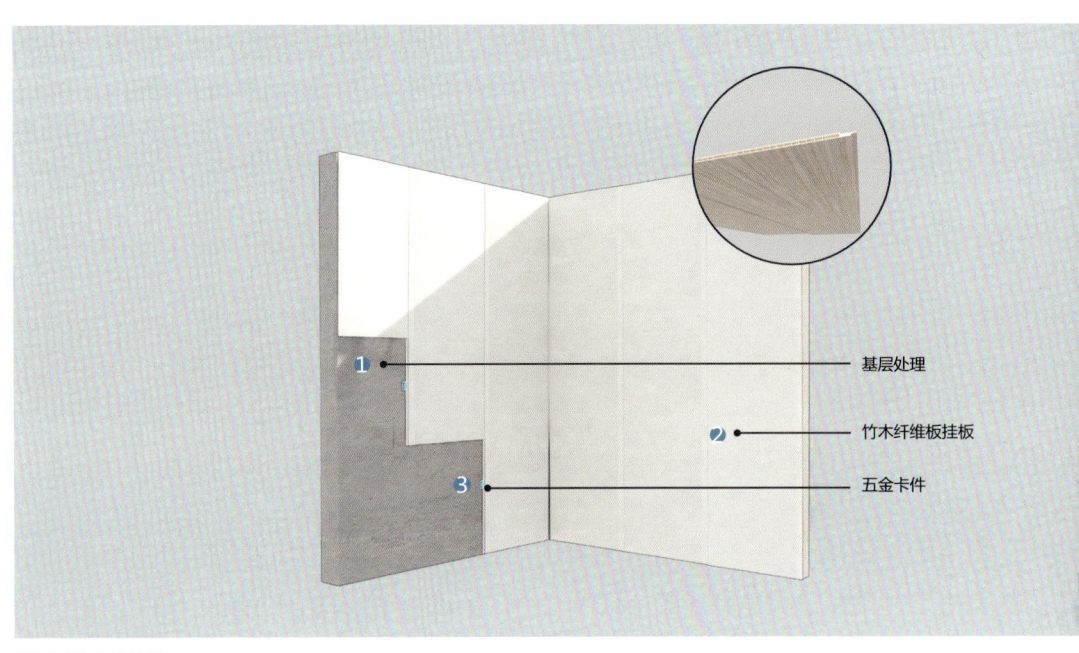

图 4 装配式墙面

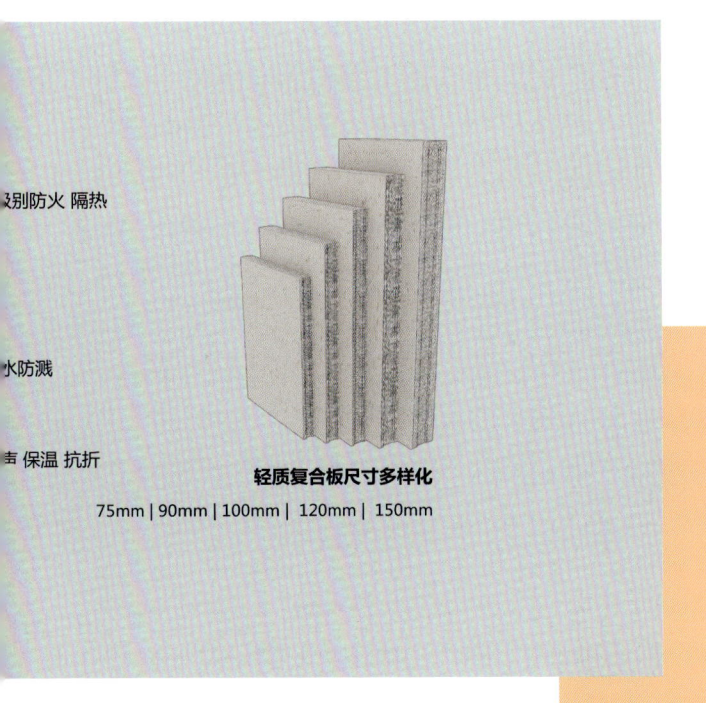

轻质复合板尺寸多样化
75mm | 90mm | 100mm | 120mm | 150mm

优势，且与传统条形板材相比易于回收，重复使用率较高。可作为钢筋混凝土结构、钢结构等常见结构形式填充墙使用。

该墙板具有隔声（>45dB）、保温、防火（A级）等性能，可用于建筑分户墙、内隔墙、管道井等部位。由于该灵活墙体拆改的便利性及其较高的可重复使用率（约为75%），非常适合运营性质的改建类租赁住房。随着时代的发展和客户市场需求的变化，运营方可灵活变更室内空间，比如，将原有的两室一厅改成两个一室一厅的单身公寓，反之亦然。能作为上述智能系统的墙体基层使用，适配性较高。

4. 装配式墙面

装配式墙面部品是在既有平整墙面、轻钢龙骨架或不平整结构墙等基层上采用干式工法现场组合安装而成的集成化墙面，由竹木纤维板和连接部件等构成。

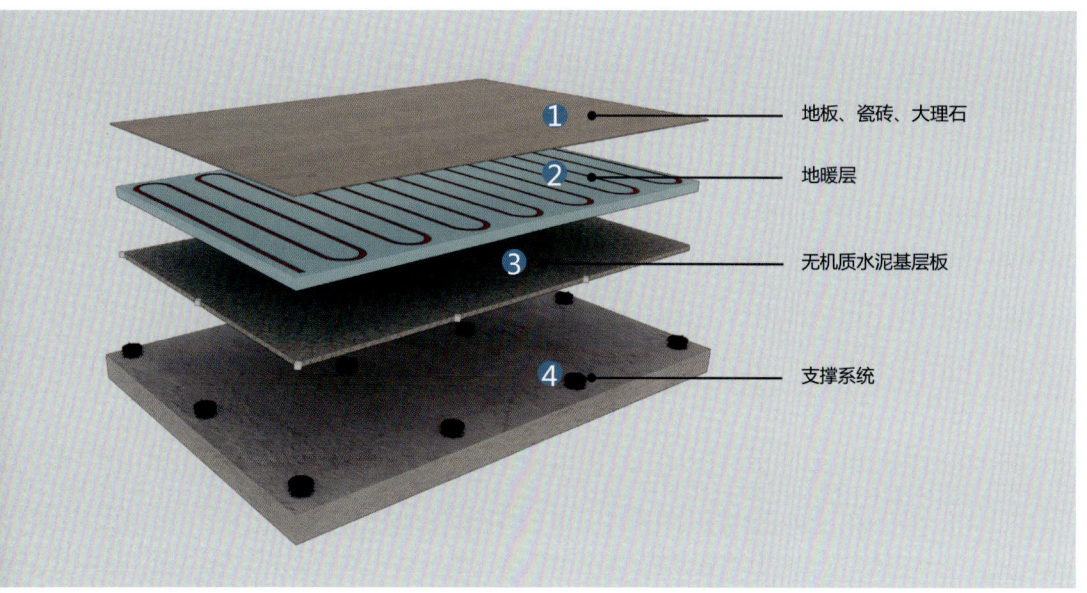

图 5 装配式地面

竹木纤维板可以根据使用空间要求，进行不同的饰面复合技术处理，表达出壁纸、布纹、石纹、木纹、皮纹、砖纹等各种质感和肌理的饰面，也可以根据客户需要定制深浅颜色、凹凸触感、光泽度等。竹木纤维板在工厂整体生产，在装配现场不再进行墙面的批刮、裱糊或涂刷等湿作业，即可完成安装。墙饰面施工不会像涂料、壁纸等受季节或环境温湿度影响。该装配式墙面体系凭借其高效的安装效率、优异的环保性，能满足租赁住房较高、较快的运营需求及客户体验。

5. 装配式地面

本体系采用的架空地板体系的面板为无机质水泥基架空地板，该板材是由硅酸盐、无机纤维、矿物纤维、石英砂等材料经过高压一次成型的环保地板。为考虑填充不同密度的板材，加入适量的无机填料及絮凝剂，对制品不产生损害作用。每块地板自带穿线孔。装配式架空地板体系采用最新研发的防火注塑调平支座，采用 4 点支撑方式，支座高度约 28mm，高度可调约 25mm。该支座亦可有效防止地板受力后轻微颤动引起的响声。

装配式架空地板体系具有承载力高、耐久性好、整体性好、能达到防火要求等特点，在构造上能大幅减轻楼板荷载、支撑结构牢固耐久且平整度高，可重复使用。施工方面，该部品易于运输、易于调平、装配化程度高；使用上易于翻新、可扩展性好。架空层内可根据不同业态要求布置相关水电管线，亦可根据设计需要增设干法地暖功能层，集成化程度较高。架空地板体系饰面可采用各类复合地板、实木地板、地砖、大理石等常见饰面材料，与架空地板体系融合度高。且智能化系统管线也可在空腔中提前敷设，将场地条件约束降至最低。

四、结语

智慧租赁社区运营系统是大势所趋，将集成智慧型可视对讲系统、视频监控系统、出入口管理系统、停车管理系统、公共照明系统、人脸门禁/梯控一卡通系统、智能门锁系统、自助访客管理系统为一体的物联网八大智能化系统，形成了智慧租赁丰富的社区生活场景功能和应用。针对长租公寓，内装体系由智能系统和装配式内装共同构成，各大体系发挥着各自的性能优势和特点，更好地为租赁产品服务。

展望未来，装配式设计、生产、施工还需要解决装修的个性化需求与成品规模化之间的矛盾。作为长租公寓类产品，装配式内装如何迎合消费者的需求，是一个现实客观的问题。放眼世界，欧美及日本等发达国家市场上租赁房装修部品化程度高，促使内装工业化同步发展。因此，工厂化装配式装修生产方式对于建筑产业化的发展将产生巨大的推动作用。全筑股份也将坚定秉承"两翼一箭"战略，持续赋能建筑科技。

装配式智能系统对推进绿色建筑产品优化、建筑工业化发展、租赁住房安全运营管理系统起到关键作用，随着国家政策的整体布局，政策红利不断释放。政策推动和企业的积极响应，促使装配式智能系统在租赁住房中的应用健康有序发展。

作者简介

林骁骋
上海全筑建筑装饰集团股份有限公司
研发主任工程师。

图6 城方活力社区·城寓江月路店

城方活力社区 · 城寓江月路店

人居环境塑造 人居生活服务

——— 智慧公寓一站式解决方案 ———

- ◆ 商业策划解决方案
- ◆ 规划及建筑解决方案
- ◆ 室内解决方案
- ◆ 运营托管解决方案

核心技术
- ◆ 智能云系统解决方案
- ◆ 装配化内装解决方案

上海全筑建筑装饰集团股份有限公司
上海建筑装饰行业首家主板上市公司

地址：上海市南宁路1000号全筑大厦　电话：4000-603030　网址：http://www.trendzone.com.cn

新时代租住 NEW ERA RENT

THE INTELLIGENT PROPERTY MANAGEMENT PLATFORM HELP THE HOUSING RENTAL INDUSTRY

智能物业管理平台助力住房租赁行业

李轶群 / 文

租赁房作为住房租赁市场的重要组成部分，十几年来伴随城镇化的推进一直缓慢发展。如今，在"租购并举"等政策的引导下，长租公寓迎来发展"风口"。面对租赁市场这万亿元级市场，房地产企业和金融机构加速涌入，与原有的互联网系、酒店系、中介系主体形成多元化竞争格局，但所有人都在摸着石头过河，尚未出现垄断性龙头。租赁住房与传统的住宅相比，不仅仅是提供租房人简单的居住空间和简单的供水、供电设施，而且要提供满足同当前生活、社会发展水平匹配的各项设施，包括住宅智能化和安保智能化设施、通信网络设施、空调通风设施等，其设施组成复杂程度远远超过传统住宅社区。因此，怎样保障租赁住房项目设备运行的智能化，对于满足租房客户的生活品质需求，对于服务方是一个不小的难题。

本文仅对于租赁住房设备运行维护效率角度，深度剖析智能化物业管理平台对于今后租赁住房市场的影响力。

传统意义上的物业管理，设备运营维护是其核心部分工作。其工作组织架构，具有层次分明的等级性、专业性、功能性特点，但是只有负责人能掌握设备设施运营维护的全局，运营维护体系反应速度较慢，各专业之间信息互通性和互动性比较差。其设备运营维护管理信息以静态的、间歇性的，有一定延时的数据为主，信息存储记录较多还处于纸质化的模式，数据量大且时间长久复杂的纸质档案，经过很多人转换交接、管理，极易缺失和遗漏。再加上很多信息更新得不及时，信息的不对称情况时有发生。尽管楼宇智能化系统在大楼设施运营维护中运用得日益普遍，但当前的楼宇智能化系统大都还处于外表大于实用性的阶段，物业管理者或楼宇开发商能看到完整的设施管理平台，设备的运行状态、运行数据。如何在智能化平台上提高运营效率，是一个新的持久待解决的问题。

上海誉德对于城方超级社区·城寓华山路店，城方活力社区·城寓江月路店两个租赁住房所开发智能物业管理平台已经实现以下功能：

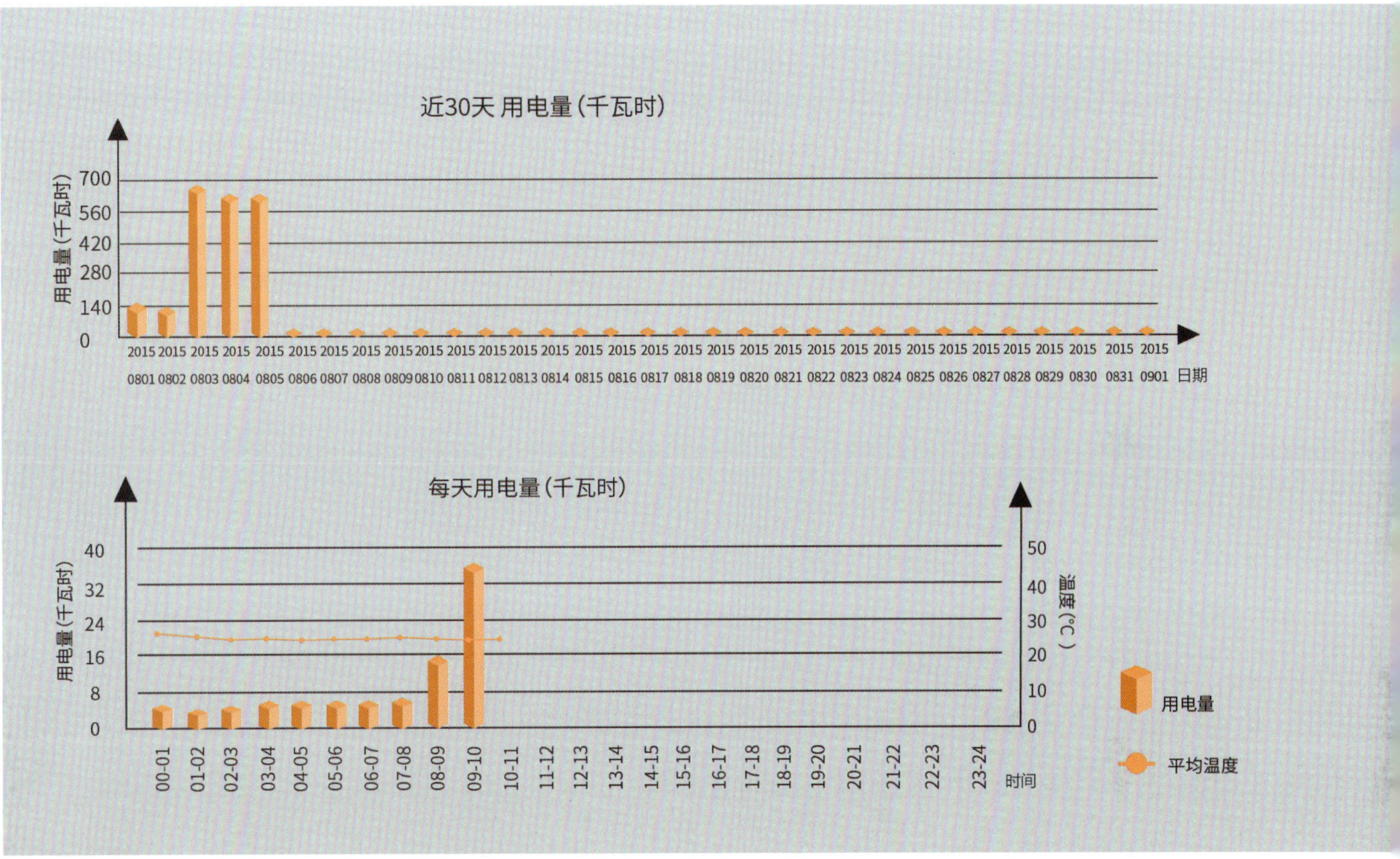

生态实践

图1 能效管理平台

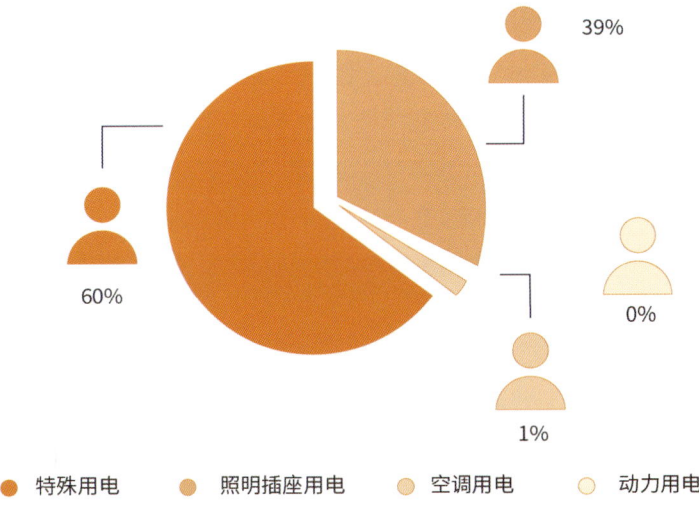

图2 近30天用电量各分项占比

特殊用电　　照明插座用电　　空调用电　　动力用电

45

一、租户端

（1）关联租户计费信息（包括房间号、个人信息、开票信息等）；

（2）独立的租户远程计费功能，用能情况了然于胸；

（3）第三方软件收费平台接口实现足不出户在线充值；

（4）当前及历史账单费用查询，充值记录查询。

二、管理端PC

（1）系统总览（楼盘信息等）；

（2）租户信息管理（包括房间信息、租户身份信息、关联计费规则、关联开票信息、关联退款退房信息）；

（3）资产管理（房间与项目、房间与设备、房间与租户）；

（4）报表管理（账单统计、收支明细统计）；

（5）账单管理（消费管理、充值管理）。

在智慧物业时代，要实现传统物业服务向现代服务业的转型升级。比如，现在很多企业已出现升级版的智能化集成系统，按照双周期（物业资产、设施设备全生命周期管理服务，业主家庭从适幼到养老需求的全生命周期增值服务）理念，利用开放平台，将各项垂直服务内容引进到系统内，实现"四化"。一是可视化，即管控过程全程可实时查看；二是智能化，即所有管理运营服务依赖后台智能处理；三是云端化，即所有数据都通过云技术存储；四是集约化，即各种资源、品牌、技术、人力、资本等实现集约化配置，实现共享。大大提高物业管理的效率以及降低人员成本的浪费。

誉德在结合以上两个项目设备运营维护实践经验，在以下七个方面，提供如下建议：

（1）以物联网技术、云技术的应用推广，建立设备大数据库平台。二维码、RFID射频等识别技术的应用，设备和材料的出厂信息、供货信息工况参数信息方便直观地通过大数据平台随时调用。还可以通过数据接收末端如电脑、移动电话、智能手机APP等随时随地查询。对于一些表具、传感器、控制器等数据实时上传并且根据租户需求对于一些有用的数据进行存储，可供随时调阅和复核，并且最终能以报表和趋势图曲线图的形式进行全面的呈现，可以对于一些设备的负荷用电、网络等进行宏观调控调配。

（2）设备维护、巡检、大修周期及记录文档通过大数据平台有关功能模块进行按需按时间周期，要求存储和随时调用。对于管理者或服务者来说确保不漏项不多项，有效地控制管理人员及备品备件储备的一个成本输出，大大降低运营成本。并且做到精确定位从而提高巡检、维护、维修的效率。

（3）人机、人人之间在信息化基础上形成交互式、共享式、动态的沟通渠道，并在此沟通渠道上形成高效的运维组织管理模式，类似一个虚拟的交流平台。让你足不出户能了解到一些最新动态事件，改变以往的模式，紧跟智慧城市概念的时代潮流。

（4）设备厂商、有关设施专家房间信息参与大数据平台数据共享，对于相关的设备运行数据进行存储比对，由故障后响应转变为带数据分析的在线一体化追踪服务，做到设备情况了然于胸，未雨绸缪，防患于未然，大大提高了维修人员的工作效率，也有效地降低了故障造成的经济损失。

（5）将时下最炙手可热的BIM技术应用推广到运维大数据平台，BIM建筑信息模型是以建筑工程项目的各项相关信息数据作为模型的基础，进行建筑模型的建立，通过数字信息仿真模拟建筑物所具有的真实信息。它具有可视化、模拟性等特点。

BIM技术的应用，使得用户可以在运维大数据平台界面实现复杂管线虚拟（VR）漫游查询，可视化虚拟设备巡检，快速找到所查设备，大大提高设备和管线检查效率，特别是隐蔽管线和设备。

（6）人力资源的合理利用。生产力的重点应该是如何更聪明地工作，而非更吃力地工作。我们常常缺少必备的工具或方案，员工专业度不够、缺乏必要的工作培训、个人主观能动性较差、缺乏良好有效的科技手段都使工作力低下。我们可以通过有效的智能运营方案整提升工作效率，节省运营成本。大数据平台可接入多个楼宇项目，由一组物业管理人员可同时管理多个楼宇，提高人员使用效率。而且更重要的是，建立以开发商为主导的多项目楼盘设施运行维护综合管理体系，合理调动资源，总体安排规划运维计划，降低每个单体楼盘的运维成本以及确保每个楼宇运维资金和材料及时有效到位。

（7）电子版设计竣工图，包括BIM布局CAD管线综合图可纳入物业管理大数据平台，方便运营商、租客方以及物业管理人员查询设计资料。避免因物业人员、开发商人员调动离职等因素造成资料缺失、信息断档，给设备故障原因查找带来的不便。

上海誉德作为城方的生态合作伙伴之一在租赁住房社区建立以信息化为核心的新的物业管理平台，保证租赁住房设备设施运维的安全高效，满足客户的不同层次方面的需求。当然，传统的物业管理体系中的管理、责任划分、信息获取、巡检保养等方面内容予以保留，纳入智能化平台之中，使得租赁住房物业管理体系更加完善以及高效。

图3 城方活力社区·城寓江月路店

作者简介

李轶群
上海誉德动力技术集团股份有限公司研发部经理。

新时代租住 NEW ERA RENT

XII. CHEN : DREAM LIFE, MADE BY ME
辰十二：逐梦生活，由我智造

郭祖年 / 文

图1 辰十二服务场景

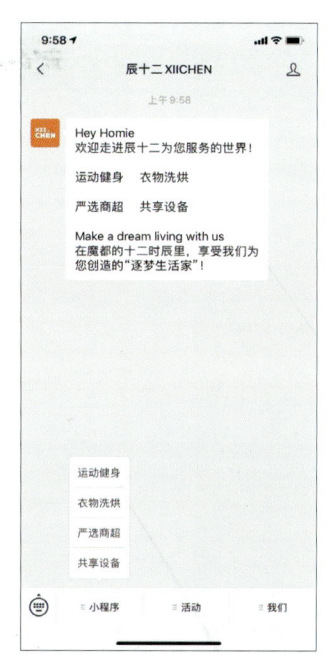

图 2 辰十二公众号

图 3 辰十二服务场景

作为城方旗下"六大生活服务平台"中的"生活便利"品牌，辰十二通过多种商品、网络、科技与智能设备的变换与组合，打造线上线下提供24小时便利服务的消费场景，为都市居民创造面向未来的国际化便利生活。在业务构建的过程中，我们认为，"品牌连锁服务行业"是最内核的原点，而数字化平台、智慧物联网络、多种软硬件结合的智能科技与智能服务，则是我们推动业务成长、服务方便居民中至关重要的一环。

为什么是数字化平台？因为手机是每一位当代人使用性最强、最不可或缺的产品，脱离了手机端数字化平台的任何业务，都无法达到当代标准意义上的"便利"。所以我们从一开始，便围绕辰十二的四大业务板块，直接推动开发了"运动健身""衣物洗烘""严选商超""共享设备"手机端小程序与管理后台，通过以数字网络链接为基础的技术工具，提升租户的生活体验、提升业务的服务效能、沉淀核心的消费流量。

为什么是智慧物联网络？当我们从空间形态的服务走向线上数字化平台，从线上数字化平台又来服务线下客户的时候，物联网络则是其中的关键命题。不论是社区阵地里的自助贩卖机器，还是共享快递机器；不论是洗衣烘干的设备，还是运动健身的设备，以往的做法哪怕是结合了数字化网络，

新时代租住　NEW ERA RENT

图4 辰十二服务场景

那一台台机器也都像一根根烟囱一样，独自运营、独立使用，但当我们在设备中加上统一的通信模块与网络接口，将我们不同的设备联通到同一个物联网络平台之上的时候，多设备的联合运营、多设备的客户端集成则成为新的可能，而这种新的可能也一定是5G时代服务消费、提升客户体验必不可少的要求。

为什么是多种软硬件结合的智能科技与智能服务？因为就当下的技术条件与技术成本而言，即使结合了再多的网络化、信息化、电子化的工具与技术，在没有人的干预与支持下的工作，依旧是吹着华丽泡泡的商业伪命题。所以我们选择了结合数字化网络的硬件设备、更选择了结合硬件工具与软件功能的智能化服务。所以你可以看到，我们的保洁阿姨可以通过扫描枪一键完成所有的进销存管理、上货下货工作；我们的保安可以通过手机随时查看24小时无人健身房、洗衣房内的安全情况；我们的洗衣小哥可以通过手机端口实现完整的衣物收送洗烘服务。

而这，就是"辰十二"智造生活的诀窍。

作者简介

郭祖年
上海城方租赁住房运营管理有限公司旗下创新业务辰十二主理人。

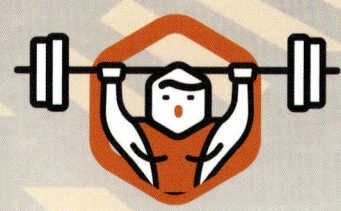
运动健身
Fitness
24小时/无人自助
私教预约/团体操课

衣物洗烘
Laundry
商用机器/无人自助
代洗服务/精洗干洗

严选商超
Market
无界零售/社区团购
二手市场/在线商城

共享设备
Sharing
共享快递/共享充电
共享货柜/其他设备

业界思考

THE RENTAL COUNTRY
租赁的国度

杨现领 / 文

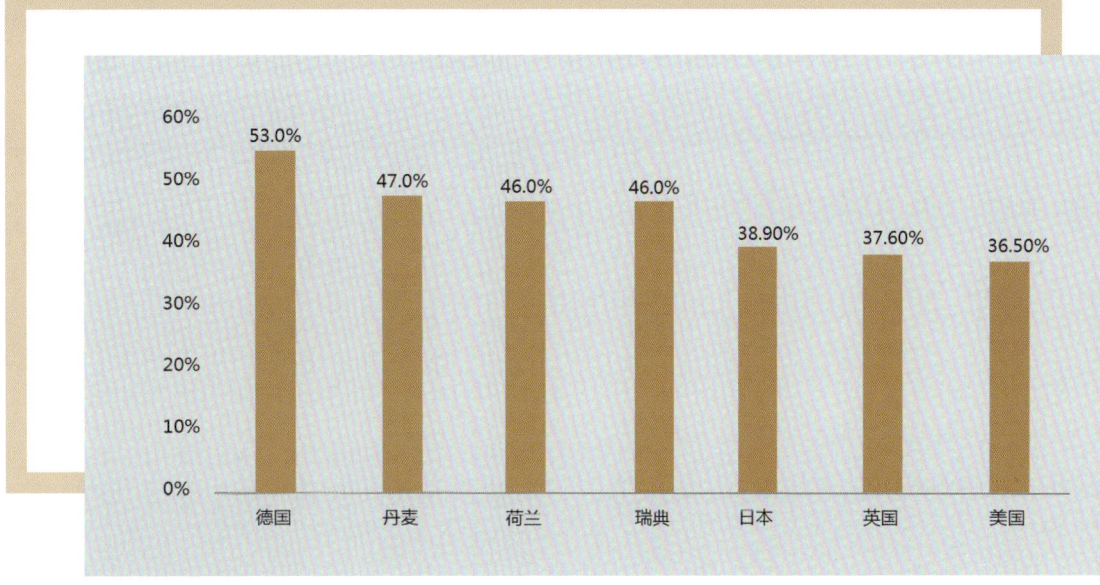

图1 各国租赁家庭占比
数据来源：德国联邦统计局2014年数据，欧洲抵押贷款联盟2017年数据，哈佛大学房地产研究联合中心2016年数据，Allocating social housing: opportunities and challenges，2010，贝壳研究院整理

住房租赁作为住房可循环供应系统的重要环节，是在住宅使用权的让渡下，不同租住者之间的循环使用。住房租赁既实现了房屋资源的高效配置，也为居民提供了更为灵活多样的居住方式。租赁市场作为房地产市场长效发展的重要组成部分，也是房地产"全流通"框架发展的基石和市场稳定器，对行业长效机制的建立有着举足轻重的作用。全球范围看，租赁市场的重要性日益增加，主要发达国家正在进行从"购"到"租"的市场重建。

一、国际经验看，租赁的崛起势不可挡

租赁在发达国家的住房结构中占有重要地位。从现状看，美国、日本、英国的租赁家庭占比普遍高于35%，而德国更是高达53%。越来越多的家庭选择租赁作为居住方式，停留在租赁市场的时间也更长。历史上，英国的私人租赁市场经历了战后的抑制缩减到20世纪80年代后期的复苏，住房市场经历从购房到私人租赁的转变；德国经历了战后严重的住房短缺，"二战"后的市场化大规模住房建设奠定了其租赁为主的市场结构，在之后的70年私人租赁市场不断得到强化；美国经历了"二战"后的住房自有率提升，2006年受到次贷款危机的影响住房自有率不断下降，主动租房时代来临，租房成为新潮流；而日本"二战"后城镇化加速，高起的房价迫使年轻人被动进入租赁市场，也奠定了日本庞大的租赁人口的基础。

国际大都市的租赁人口占比更高，多数在40%～60%。纽约的租赁人口占比为56.9%，洛杉矶为54.4%，伦敦为49.8%，东京为39.5%。40%以上的人口选择租赁作为居住方式成为大都市的常态。

发达国家租客的租住行为更为稳定。德国的平均租赁周期长达11年，日本的平均租赁周期为5.2年，英国的平均租赁周期为2.5年，而中国的平均租赁周期仅为8个月。长且稳定的租赁周期会使租客拥有更高的安全感，促使租客选择租赁作为其长期的住房解决方案，有利于整体租赁市场的

新时代租住 NEW ERA RENT

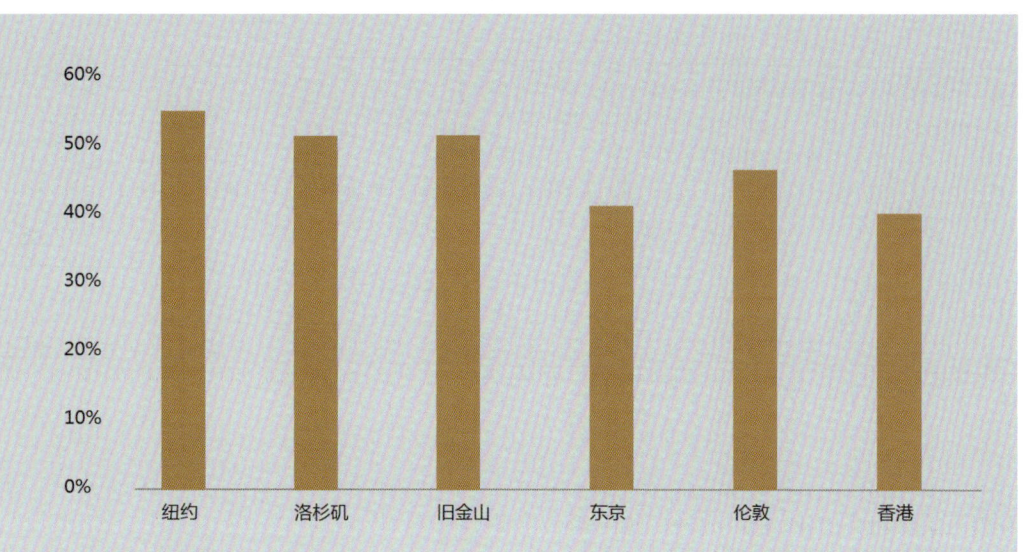

图 2 租赁人口占比
数据来源：贝壳研究院整理

长期良性发展。

私人租赁的崛起势不可挡。全球范围看，主要发达国家都面临着房价高企带来的住房代际不平等。购房难度的增加、社会住房的缩减、住房成本的增加以及可支付能力的下降都将更多的人群挤入私人租赁市场。以英国为例，婴儿潮一代的住房自有率从成年早期一直上升到退休，比任何一代人都要高。相比之下，千禧一代的住房自有率比任何一代都低。数据显示，英国现在的年轻人拥有房产的可能性只有婴儿潮一代的一半左右。

二、发达国家的租赁进阶：不断推动从"购"到"租"的市场重建

私人租赁市场是房地产市场重要的缓冲带。房源的供给和租客的需求深度影响市场格局。发达国家不断加强私人租赁市场建设。供给端看，政府采取鼓励投资、放开管制[1]、税收和补贴等多种政策工具刺激租赁房源供给；需求端，通过严格立法保障租客居住权益，增加居住稳定性。

租金管制的放开刺激了私人租赁市场的活跃性，促进房源供给。对比看，美国、日本、德国和英国在历史上都进行了不同程度的租金管制，限制了租金收入，抑制了租赁房源的供给。德国在20世纪50年代进行市场化经济改革，放松价格管制；美国只在两次世界大战期间和战后短暂的住房短缺时期进行了租金管制，而且只是在部分州层面非联邦层面进行管制；日本只在20年代大萧条时期和"二战"后的一段时期进行租金管制。英国的租金管制持续时间最长，达到75年，长期严格的租金管制也导致私人租赁市场一度从繁荣走向衰竭，降到9%的住房市场份额。1988年，英国的租金管制放开后，私人租赁市场开始复苏，更多的私人房东进入租赁市场，促进了租赁房源的供给。

税收制度影响了房东收入再分配，进而影响房源供给。不同国家出台了优惠政策减少私人租赁市场的税负，促进供给积极性。在德国、法国、美国和意大利，折旧和租金损失是可以抵消收入税，在一些国家，资产持有时间越长，资本利得税的税率就越低，以鼓励长期资本利得税投资。在奥地利和德国，个人房东可以在10年后免税出售住宅租赁房产，在德国，如果收入在4年内再投资于房地产，就可以免税出售。

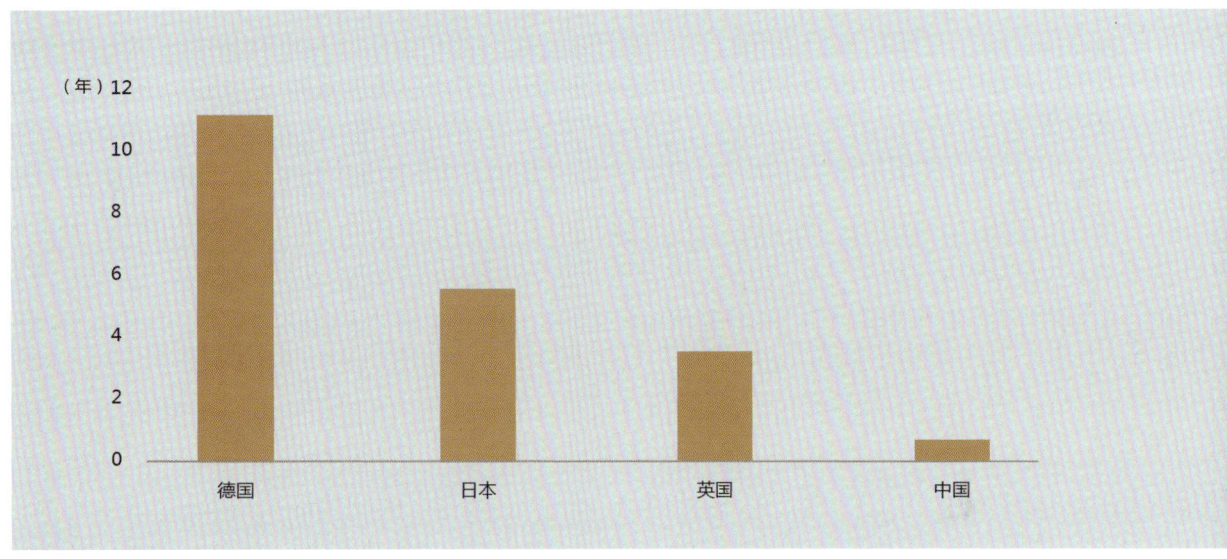

图 3 各国平均租期
数据来源：大东建托自有托管资产租赁周期数据，贝壳研究院整理

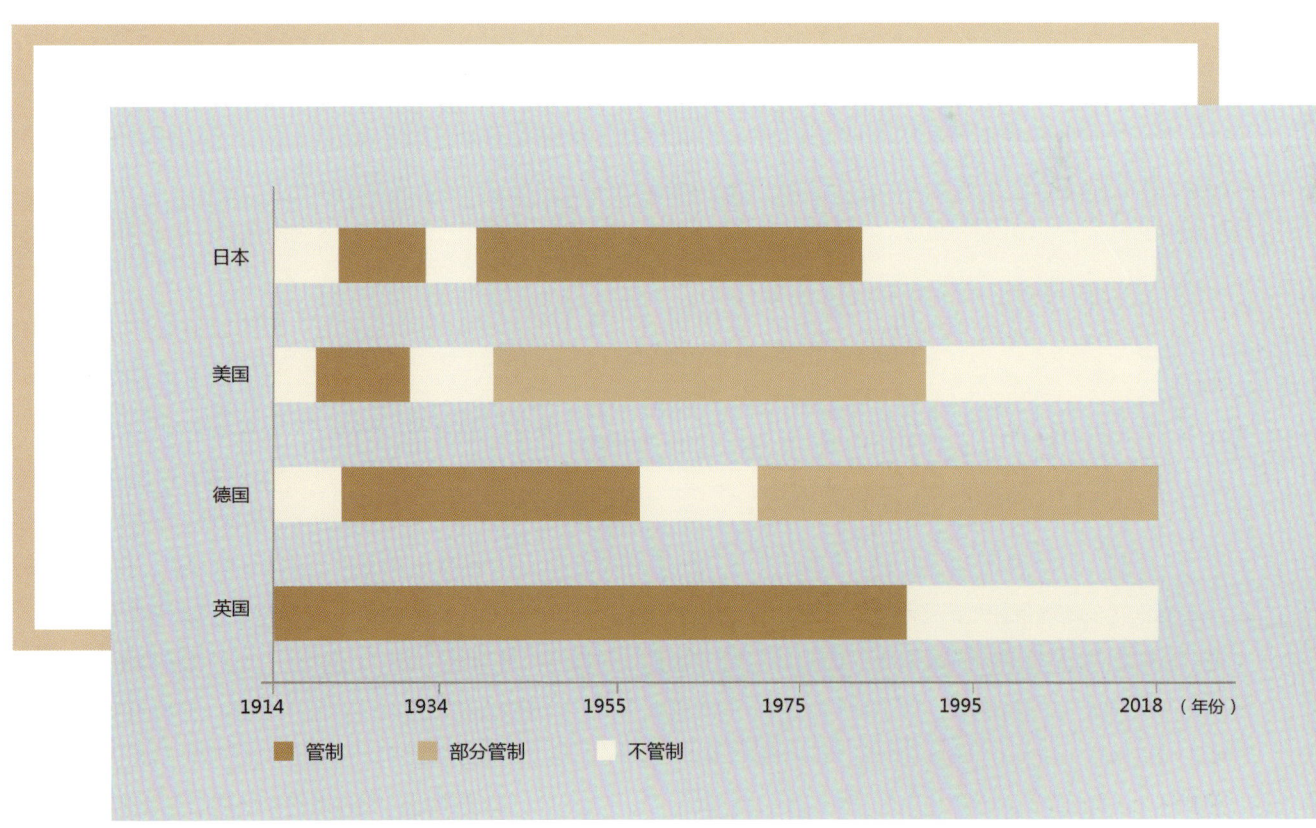

图 4 英、德、美、日租金管制时间比较
数据来源：贝壳研究院整理

表1 不同国家的房租收入的所得税比较

所得税减免	租金收入更低的税率	免息的抵押贷款	成本免除	折旧津贴	租金损抵消其他收入类型
英国	N	Y	Y	N	N
奥地利	N	Y	Y	Y	N
澳大利亚	N	Y	Y	Y	Y
法国	N	Y	Y	N	Y
德国	N	Y	Y	Y	Y
香港	N	Y	Y	N	N
瑞士	N	Y	Y	Y	Y
美国	N	Y	Y	Y	Y

注：Y- 有；N- 没有。
资料来源：*Towards a Sustainable private rental sector*，贝壳研究院整理

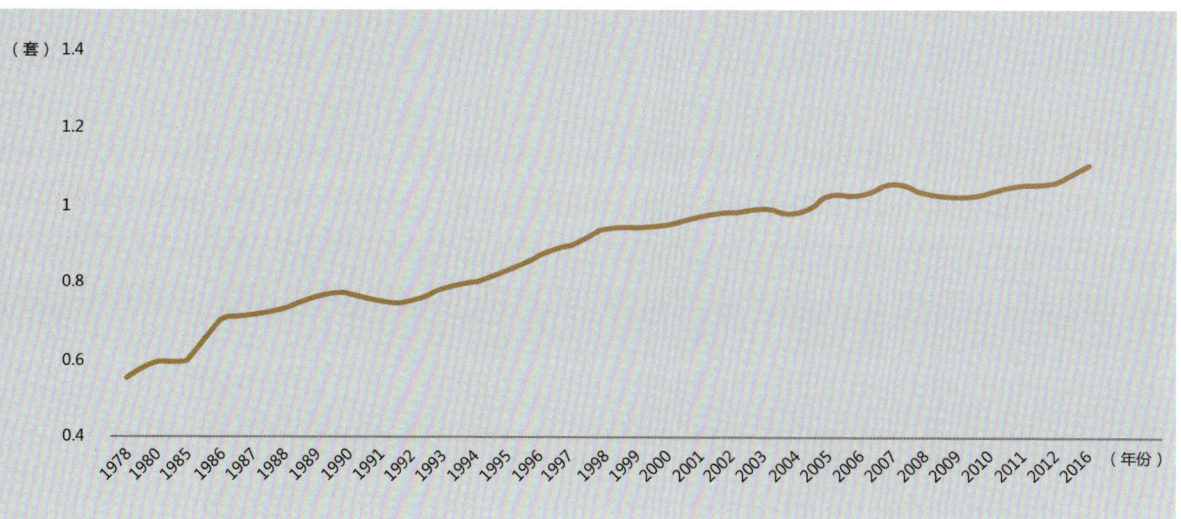

图5 我国历年城镇户均住房套数变化
数据来源：万得资讯。国家统计局，贝壳研究院整理。

强有力的租客保护政策是租赁市场长期发展的有力保障。以德国为例，租客保护政策从一战开始实施，战争期间对于租客的保护不断加强，贯穿德国住房政策发展的始终，一直延续到今天。在德国，房东很难违背租客的意愿轻易终止租赁合同，为租客提供了长期稳定的居住环境。

三、中国租赁新纪元：向可持续的私人租赁市场进化

目前我国已基本告别住房短缺，户均套数超过1套。经过40年的快速发展，我国的户均住房套数已经达到1.08套，人均住宅面积达到36.6万平方米，基本实现了供需平衡，进入由数量扩张向质量提升

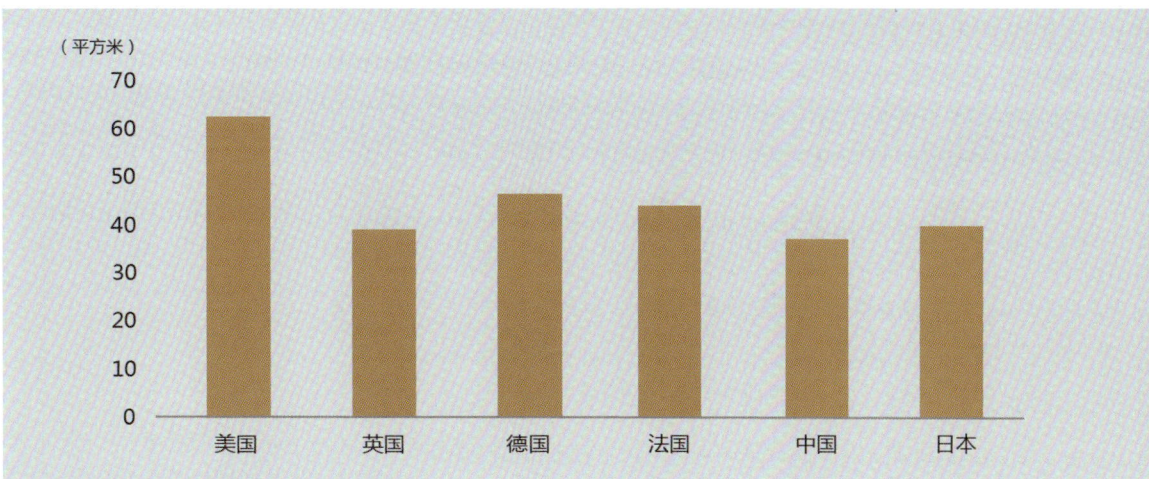

图 6 不同国家人均住宅面积比较
数据来源：万得资讯。贝壳研究院整理

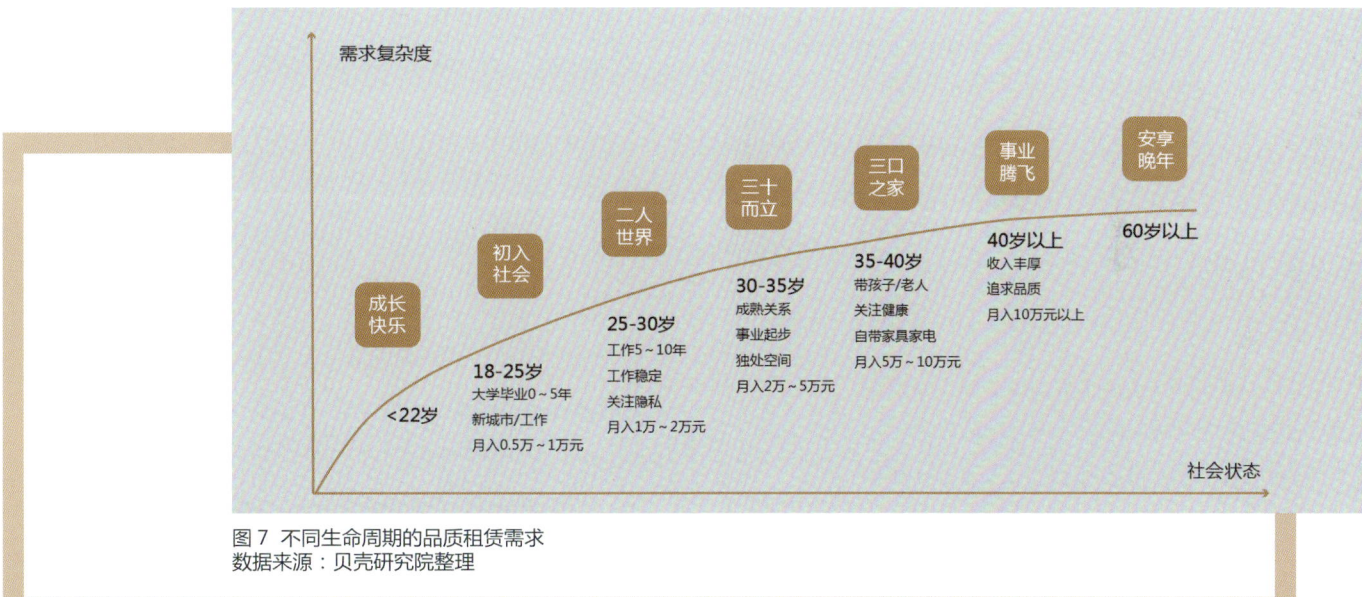

图 7 不同生命周期的品质租赁需求
数据来源：贝壳研究院整理

转变的阶段。随着我国房地产市场逐渐由增量时代步入存量时代，过去以销售去化为导向的高周转模式逐渐转变为长期持有的运营模式。伴随着房地产行业的进阶，租赁市场也进入新阶段，在未来将不断向一个可持续的、专业化的租赁生态体系进化。

品质租赁、消费升级是大势所趋。随着新生代租赁群体观念革新、个人收入增加以及生命周期推进，租赁消费升级大势所趋。未来住房租赁市场，"90后""00后"等年轻群体将逐步成为租赁市场主力军。新生代思想更为开放，追求自由、消费观念超前，更能够接受租赁生活方式。其租赁比例和租房花费都会大大超过"70后""80后"。同时，年轻一代更加注重租住品质，消费升级是必然趋势。全人群、全生命周期租赁需求爆发。同年龄段人群对于住房有不同的需求。学生及刚毕业的职场新人对于居住面积、品质要求相对较低，而对价格较为敏感；进入社会几年后，结婚之前的租客对于居住质量要求提升，相对应的支付能力也有所提升；结婚之后以及有小孩的夫妻开始有整租需求，且如果有老人同住一般需求为两居室及以上。位于租房生命周期不同阶段的租客存在差异化需求，这会促使整个租赁行业供给产生分化和细化。尤其在房价较高、买房负担较重的大城市，会有更多处于不同阶段的租客产生租赁需求，差异化的发展能够更好满足不同的需求，从而也能够实现整体市场规模的提升。

四、多举措并行，建立专业化租赁生态体系

1. 引入多种主体增加房源供给，形成市场化的供给体系

一是充分调动私人房东的积极性，通过税收减免或补贴等优惠政策增加私人房东的供给。从国际经验来看，私人房东房源在租赁市场占比最高，对私人房东的优惠政策可以有效刺激租赁房源量。二是引入多种市场化主体共同参与租赁房源建设与供给。以德国为例，社会住房的建设对参与主体不做限制，公共住房企业、私营企业及个人均可申请公共资金资助，获取低息或免息贷款，按照规定标准进行住房建设。多元化的供给体系可大幅减轻政府财政负担，并通过市场化机制有效达到供需平衡，形成租赁市场的内生闭环。

2. 鼓励鼓励机构化发展，推动品质提升

机构化发展可以提升租赁住房品质，满足消费升级需求。从成熟租赁市场来看，租赁市场向高品质提升与机构化发展紧密相关，租赁市场的有序发展依托于资本和专业机构的进入。以英国为例，推出"BTR"政策旨在吸引机构投资进入租赁市场。因此，培育专业化租赁机构发展是租赁市场的发展方向，取决于租赁运营的收益率，因此需要降低专业机构的经营成本。一是在前期调整增值税率的基础上，进一步考虑加快固定资产折旧，或适当增加进项税额抵扣项目，如将改造装修成本、融资利息支出准予进项税抵扣，将人工成本支出以适当方式纳入抵扣范围等。二是在政府的委托和监管下，将有出租意愿的经适房、限价房等交由正规租赁机构代为出租，降低机构拿房成本。

3. 构建长期的租赁法律框架保障租客权益

租客的稳定居住权益是租赁市场长效发展的前提和必要条件。租赁市场若作为一种替代住房，必须给租户提供一个稳定的、长期的租住选择，稳定居住权也是租客持续留在私人租赁市场的重要原因。从国际经验看，英国通过多项立法监管房东出租的合法性、租期的稳定性和租客资金的安全性。在德国，住宅租赁合同通常是无期限的；通知期限随着期限的延长而增加，租户只有在没有履行合同义务的情况下才可能被驱逐。立法的措施是保持必要的补偿和租户保护之间的平衡，也是发展租赁长效机制的基础。

注：
1. 德国的租金监管是采取以参考市场价格为基准，是一种市场化指导，详见贝壳研究院《德国房地产市场研究报告》。

作者简介

杨现领
空白（北京）科技有限公司创始人。

城方高能社区・城寓镇宁路店

新时代租住 NEW ERA RENT

THE PROMISE OF THE STATE-OWNED ENTERPRISES, LEAN ASSET MANAGEMENT HELP GOLD DIGGING STOCK

不负国企大时代，精益资管掘金存量蓝海

黄乐 / 文

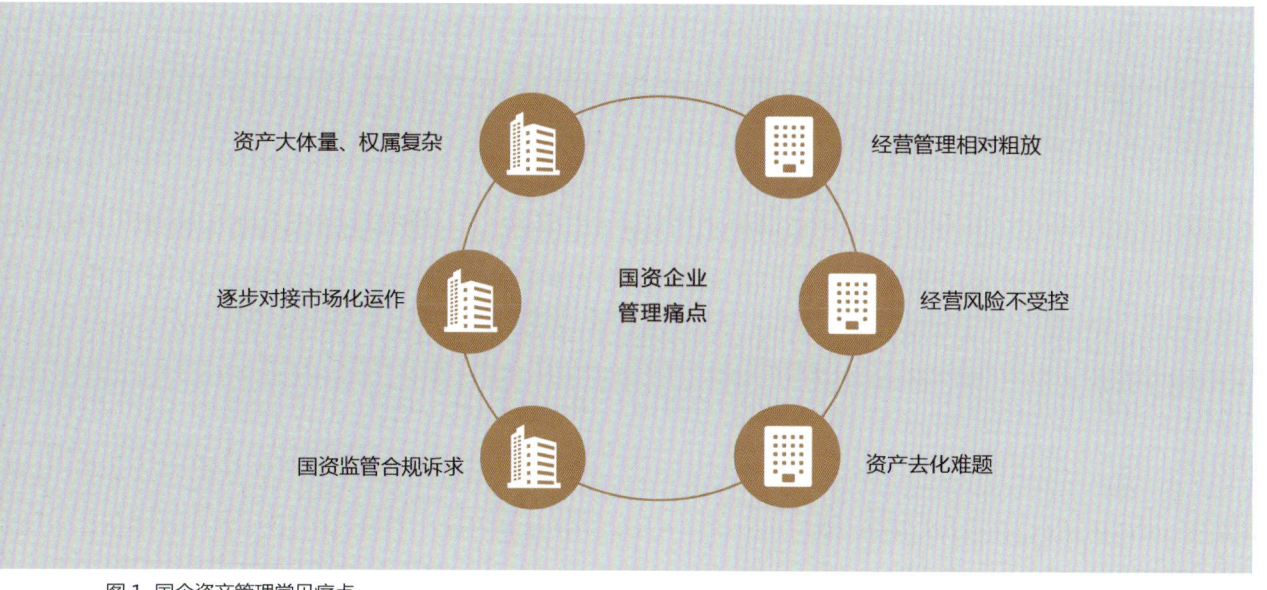

图1 国企资产管理常见痛点

伴随近年来政策的松绑，深化国有企业改革已正式驶入快车道，从中央办公厅到各省国资委陆续发文指导：22号文作为国企国资改革的总纲，给出了四个层面的综合改革指导意见，23号文明确提出通过改组构建国有资本投资和运营主体，实行国有资本市场化运作，24号文则进一步强化了对地方政府性债务的管理。

政策的出台鼓励国有企业通过改革提升效率活力，盘活存量资产，优化债务结构，积极合规开展资产证券化业务。存量大时代已经来临，对于拥有海量资产的国有企业而言，这其中蕴藏着巨大的机遇。

当然，从大多数国有企业的现状来看，整个行业的资产管理能力仍亟待提升。如何将海量资产分类管理，避免国有资产流失？如何经营盘活，提高资产使用效率？如何借助资产证券化工具优化债务结构？这些都成为国企资产管理常见的痛点。

本文结合众多国企／平台公司在资产管理领域的创新及探索经验，从数字化的视角出发，洞察行业内资管战略的升级路径，分别从盘点资产、盘活资产和优化资本三个角度阐述。

一、从监管合规角度看，盘点资产、规避国有资产流失风险是底线原则

不少国有企业、城投平台经过多年的沉淀，已经拥有近千亿元的资产规模，面对海量且日益增长的资产，如何科学地分类管理并确保国有资产不流失，正成为企业关注的核心议题。针对这一诉求，国企重点要关注资产信息数字化、管理流程标准化和规避资产流失风险这三个层面的问题。

1. 资产信息数字化：建立"资产身份证"，确保数据口径一致

以某城投平台 B 企为例，一方面，B 企内部大量历史遗留的多门类、非经营性资产的权属及处置过程复杂，管理难度较高；另一方面，在原有的组织分工架构下，不同类型的资产分别交由各部门分散管理，这导致资产信息从建设、用途划拨到退出的闭环难以打通，集团整体的资产数据口径难以统一，过程中的用途、价值和产权变化严重失控，国有资产流失风险加大。

在清晰认识到上述问题后，B 企新任董事长履职后的第一件事，就是花大力气全面盘点历史资产，并邀请了咨询机构进行分类梳理。借助数字化手段，B 企给每一项资产都颁发了"身份证"，对于不同来源渠道的资产实现分类管理，如自建、置换、购入、委托、租入和划拨等，同时统一了各类基础信息的数据口径。

以面积为例，B 企此前有报批面积、施工面积、产权面积、建筑面积和计租面积等各种面积统计口径，不同报表间的数据经常"打架"，而在建立了"资产身份证"、统一数据口径后，这个难题便迎刃而解了。B 企当前的各类资产经营信息均纳入统一的资产档案中，企业能清晰了解自身资产状况，确保家底盘得清。

目前，B 企还通过定期移动巡检的方式实时维护资产信息数据库，集团高层也能通过数据大屏随时查找各类资产信息，了解面积、租金水平、出租率和收缴率等的变化情况，掌握资产经营、财务收益和运营健康度等指标，做到"屏中有数，心中不慌"。

2. 管理流程标准化：确保流程合规性，及时识别资产风险

标准化的管理流程对于国企而言意义重大，借助平台力量将标准管理流程固化，可以避免干部触碰业务红线，减少诱惑犯错的机会，防止资产收益出现跑冒滴漏的问题。

例如，某国企 H 集团对下属的租赁管理业务进行了全面梳理，结合项目高层管理要求与系统应用要求制定了《H 集团租赁管理系统应用保障规范》（下文简称《规范》）。借助数字化工具，H 集团将《规范》中涉及的岗位职责权限、场景审批等流程环节固化到系统中，使每一项业务审批的环节都有留痕，形成了落地性较强的管理成果。规范化的业务管理体系能有效确保流程合规，帮助企业实现从"人管"到"智管"的转变。

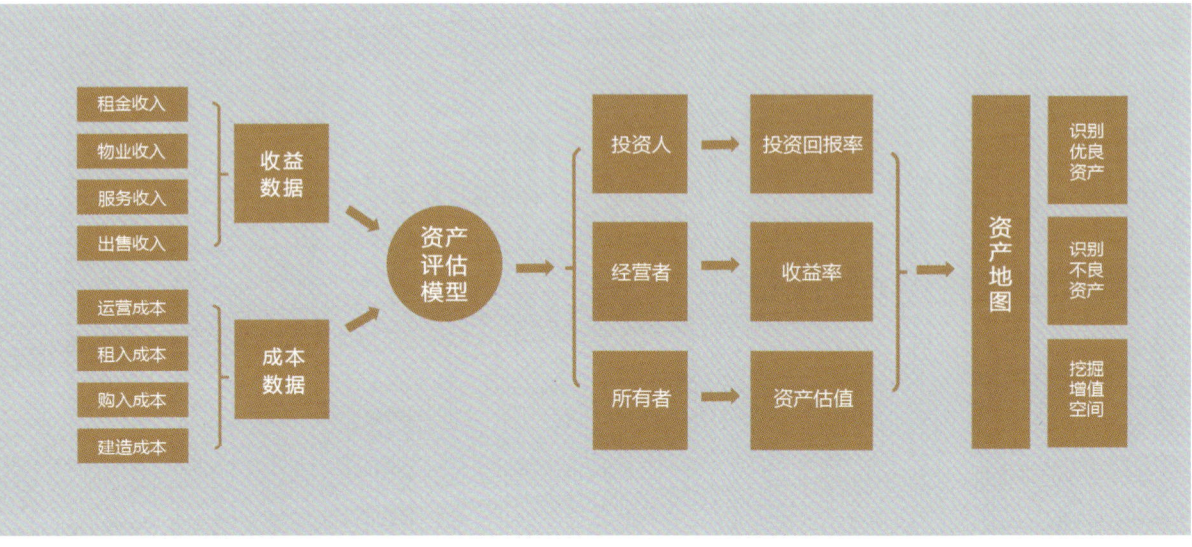

图 2 基于 NOI 指标的资产评估模型

3. 规避资产流失风险：基于 NOI 指标建立资产评估模型，及时识别资产风险

在实现了资产信息数字化和管理流程标准化后，国企决策者就能够围绕资产估值模型实时查看与资产相关的收入和成本项数据。不同的资产相关方，比如资产投资者和资产经营者，也可以在系统中获取自己需要的第一手数据。通过对资产收益数据的穿透式掌握，能有效规避资产收益流失风险，守住国有资产不流失的底线原则。

某城建 F 企在新设立了数字化资产档案后，巡检人员只需通过 APP 定期对资产进行巡查、扫码和拍照，就可以判断资产的实际空间状态、经营情况以及与现有资产档案是否一致，及时发现资产差异和占用、挪用情况，确保资产空间状态与现有状态一致，防止公共资产被占用而导致收益流失问题。

二、从资产经营状况看，盘活资产、逐渐向市场化机制并轨是核心关键

在盘清资产的基础上，企业还需要基于资产经营的视角盘活资产，并逐渐向市场化的机制靠拢。在这一层面，本文以某市属国资集团下属资产管理公司 Y 企为例，从业务创新、数字提效和运营风控三个层次展开。

1. 业务创新：在合法合规的前提下，积极开展组织创新与业务变革

该国资集团是典型的国企改革产物，以市国资集团的地产公司和建委的保障房建设公司为主体组建而成。Y 企作为下属的资产管理公司，目前主要有以下四项主营业务：保障性公租房、市场化商业资产、长租公寓的运营管理，以及政府要求探索美好生活的创新项目。

除了市场化的商业资产，Y 企其他三项业务都是典型的非市场化项目资产。可以说 Y 企某种程度上承担着政府的民生职能，这部分业务的现状与企业的盈利诉求产生了巨大的冲突，因此企业需要对这部分资产管理业务进行价值重塑。Y 企在不触碰红线的前提下，不等不靠，主动与市场接轨，积极进行了组织创新与业务变革。

Y 企按照 22 号文的指导精神，积极探索国企与民企的合作模式。目前其物业公司、长租公寓公司和养老公司等均是与市场化民企进行股份合作，充分借力品牌民企的溢价效

应和灵活运作机制，实现了国企的资源稀缺性和民企的运营高效性的强强结合。

同时，Y企还提出"双九五"的考核指标（出租率95%，收缴率95%），并在各个业务体系中坚决贯彻落实。在2017年和2018年，其在管的几大片区公租房收缴率高达99.1%，受到了国务院督察组的高度认可。

2. 数字提效：移动应用重构业务场景，优化业务体验，实现降本提效

除了在组织创新与业务变革上发力，Y企还提出了数字化升级战略，强调科技引领，提升管理效率，以减少海量资产管理压力，真正起到降本提效的作用。通过移动应用及服务在线进一步优化客户体验，提升服务水平，为未来提升溢价水平与市场化接轨做好铺垫。

从目前来看，数字提效的确已成为众多国企在改革过程中提升效率活力的重要手段。某市属国企A集团通过数字化手段打造智能楼书和企业招商门户，整合58同城、好租等外部代销平台资源，采用多渠道多方式进行招商。借助外部平台流量优势，A企旗下的资产租赁与去化情况显著优于周边同类物业。

某产投平台S集团旗下园区及专业市场众多，租户多且小，商户变动造成的影响很容易被忽视，收缴清算期困难重重。采用数字化手段，S集团实现了在线查询账单、支付和开票等业务的快捷处理，极大地优化了客户体验，提升客户满意度。同时，所有财务数据都可以自动计算生成报表，统计结果一目了然，对于欠款等风险系统也能自动预警。财务人员无须再担心对账不准确、频繁修改报表等问题，提升财务运营效率的同时，也将财务人员从琐碎的核对工作中解放出来。

3. 运营风控：风控指标体系化，全局防范各类风险

国资企业对风险有着天然的嗅觉和洞察力。在数字化战略的推进过程中，Y企总经理前瞻性地提

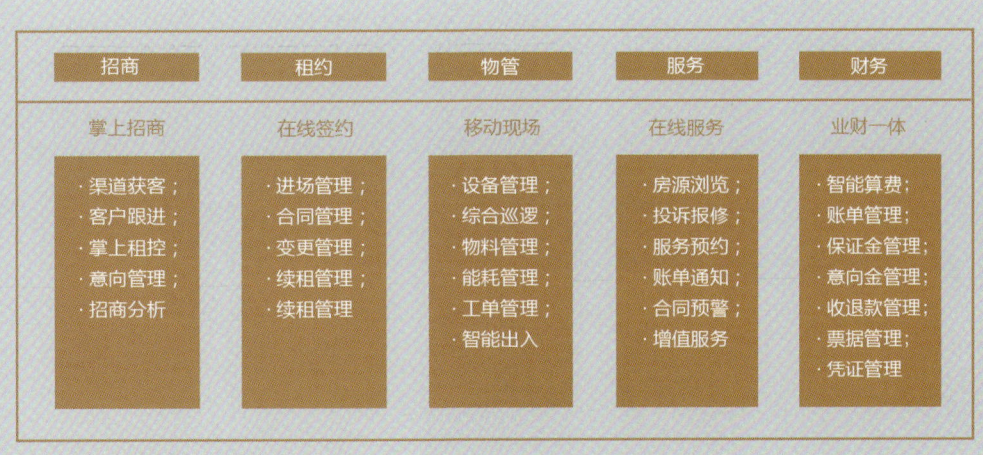

图3 移动应用重构资管业务场景

出,"要让运营管理高效化,资产收益透明化,风控指标体系化"。结合企业的国资监管诉求,Y企围绕资产风险、客户风险、运营风险及财务风险建立了一套风控指标体系,并通过多维度的分级触发机制确保风险提前预警,实现了从"救火式管理"向"防火式管理"的转变。

第一类是资产风险,即资产运营期间可能发生的风险。以出租率和租赁时长指标为例,出租率仅代表当前时点的出租率,可能的情况是虽然当前出租率为100%,但其实前十个月的出租率均为0,如果只采用静态指标进行统计,无疑会误导高层决策。这时就要考虑用租赁时长来更好地反映资产的租赁效率,建立一套动静结合的资产风险指标。

第二类是客户风险,针对资产租户的信用及经营状况进行分析。不少写字楼的部分租户是P2P等消费金融行业的公司,这类企业受政策和市场的影响很大,有随时退租的风险,因此加强租户行业分析和企业信誉监控就显得尤为重要。通过与政府和企业信誉网站进行数据接驳,管理者可借助系统平台实时查看入驻企业资质,练就一双鉴别企业优劣的火眼金睛。

第三类是运营风险,即资产运营在面临重要经营节点时的决策指标,包括退租率、续签率以及客户退出原因等。基于指标锚定与实时报警机制,避免因人为统计而出现疏漏与时间偏差,防止资产运营收益流失。

第四类是财务风险,即反映在财务现金流上的指标,包括回款率、现金流和净利润等,让集团任何一笔资金流向都有迹可查。

围绕以上四大维度,Y企构建了体系化的风控指标,配合组织结构的实际运作,明确了集团、公司和项目三级人员在风险发生时的自身权责,实现了对风险的提前规避。

三、从企业长期发展看,优化资本、借力社会股本扩大规模是未来趋势

在国有经济布局及结构调整的进程中,国有企业扮演着重要的角色。国资委提出"组建国有资本投资／运营公司",正是盘活国有资产存量、优化资源配置的极佳路径。这既符合了市场经济体制的改革方向,又能代表国有资本出资人维护国有资产权益,解决了国有资产经营主体缺位的问题,进一步完善国有资产管理体制。

与此同时,这也倒逼国企从传统的"管人、管事、管资产、管企业"的模式切换到"管资本"的轨道上来,国有企业需要具备资本投资的逻辑,以及与外部资本市场同频的语言能力。特别是在存量资产运营维度,更需要具备资本视角,以退为进,关注资产回报率和资产估值逻辑。

1. 投资测算:科学制定预算目标,过程实时监控

从资本投资回报的角度来看,资产回报率可以拆解为净运营收入NOI／总投资额,其核心价值取决于该资产在整个生命周期内的收入与成本,譬如在资产拿地、开发建设、交付、经营和退出的全周期中,前端开发涉及的投资成本以及后端运营涉及的期间收入。这些指标都能直观反映出国企的各项能力。

从资产估值逻辑的角度来看,大部分国企目前都采用成本法或市场法来评估资产价值,以投入成本来估算资产,或以周边房价作为参考来估算。但国企未来若想与资本市场接轨,就应该用收益法的逻辑来看待资产估值,即净运营收入NOI／资本化率CAP。

为了对资本回报率负责,企业需要对资产全生命周期的收支进行有效监控,以确保NOI指标能达到预期目标。因此,借助数字化手段建立一套投资测算管理体系,实现"目标测算—下达—执行—纠偏"的管理闭环,是许多企业迈向资本市场必备的有效武器。

例如,某房企H集团在其商业板块单独设立了资产管

 城方高能社区·城寓古北路店

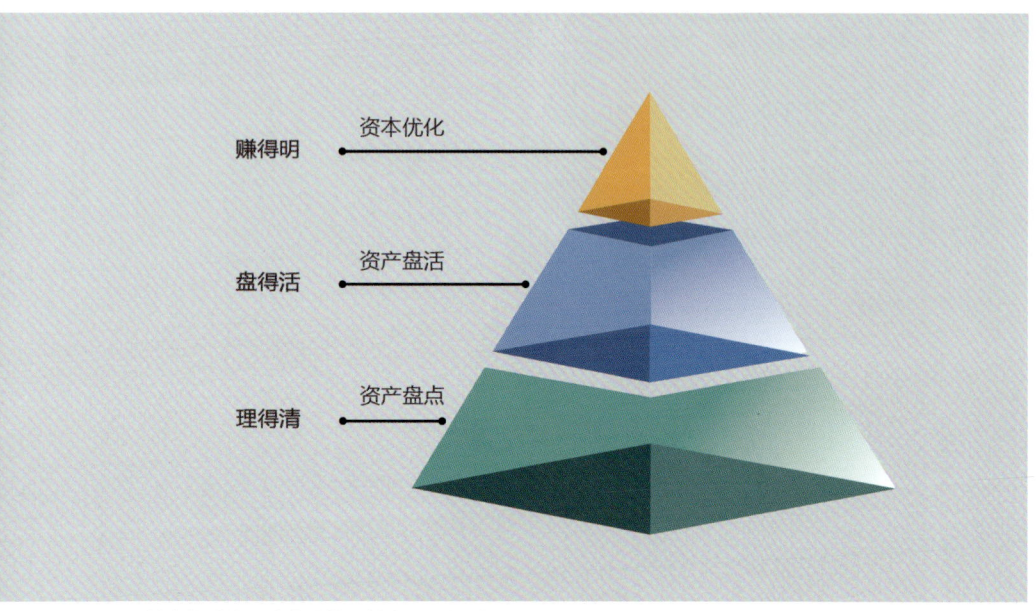

图4 数字化助力国企资产管理能力"三级跳"

理部门,科学测算商业资产项目从开发到运营期的资本回报水平,如果无法达到集团整体的资本回报要求,该部门有权在投决会上否决该项目方案,以确保对资本负责。这种以市场化资本回报为主导的投资思路,值得诸多以政府投资项目为主导的传统任务型国企借鉴。

借助数字化工具,H集团将资管业务涉及的所有财务指标和运营指标间的内在逻辑固化到系统中,管理者只需要填写基本参数就可以查看预期资产回报,这大大降低了投资测算人员的技术门槛,非财务金融背景的管理人员也可以快速获取预期财务结果。同时,数字化手段也能减少人工计算错误,释放投资人员价值,使之真正能将时间投入于决策分析。

2. 管理闭环:洞察收支变化,调整业务策略,实现资管闭环

在建立了资产投资测算模型的基础上,企业可以借助模型与历史项目数据,在系统中快速计算出不同版本的投资方案,管理人员可以根据其中某特定方案的要求,将测算结果转化为具体的考核指令,下达到不同的业务部门予以执行。

在实际的项目开发及经营管理中,关联部门也可依照考核指标持续改善绩效水平,确保预期的资产回报率不会产生较大偏差。

此外,企业能通过数字化平台实时监控业务执行与投资测算间的指标偏差,并及时分析差异产生原因,将洞察结果发送给相关业务部门处理。业务部门的处理结果也能及时反馈至投资测算方案中,从而实现方案的不断迭代,保障资本投资回报率有效达成。

四、数字化助力国企提升资管能力,实现精益管理"三级跳"

属于国企资产管理的大时代已经来临,机遇与挑战并存。国企能否紧抓时代机遇,把握存量发展脉搏,快速提升资管能力,迎接全新的挑战格局?

从上述众多的国企改革及创新案例中可以看到,资产管理是一项系统性工程。虽然众多国企所处的阶段及战略发力重点各有不同,但数字化手段作为提升管理的必备武器,在每一个阶段都发挥着极其重要的作用。

1. 数字化助力资产盘点，让家底"盘得清"

对于资产盘点，主要是通过资产信息数字化、管理流程标准化，让家底盘得清，避免国有资产流失。此阶段重点解决三大方向性问题：实现资产信息线上自动沉淀，不再依靠传统的人工统计与纸张记录；使业务管理流程标准化，确保业务流程所处环境透明可控；基于以上两个基础，有效规避资产收益流失风险。

2. 数字化助力资产盘活，让资产"盘得活"

资产盘活是关键，主要是借助数字化工具，在资产存续期间实现运营降本提效、优化客户体验、有效管控业务风险、利用数据做出最优决策，最终提升 NOI 指标，放大资产溢价，将资产盘活起来。

3. 数字化助力资本优化，让资本"赚得明"

资本优化是目标，主要是通过数字化工具实现与资本市场同频，基于资本回报的逻辑指导企业投资、开发、运营和退出等业务动作，保障资本收益目标达成。在练强内功之后，甚至可借助外部资本力量，为企业的进一步发展注入更强劲的动力。

未来已来，在机遇与挑战并存的国企资管大时代，明源云愿携手广大国企同仁，共同探索行业最佳数字化实践，全力打造资产管理信息化平台，以数字化武器助推房企迈入精益资管新阶段。

作者简介：

黄乐
明源地产研究院副院长。

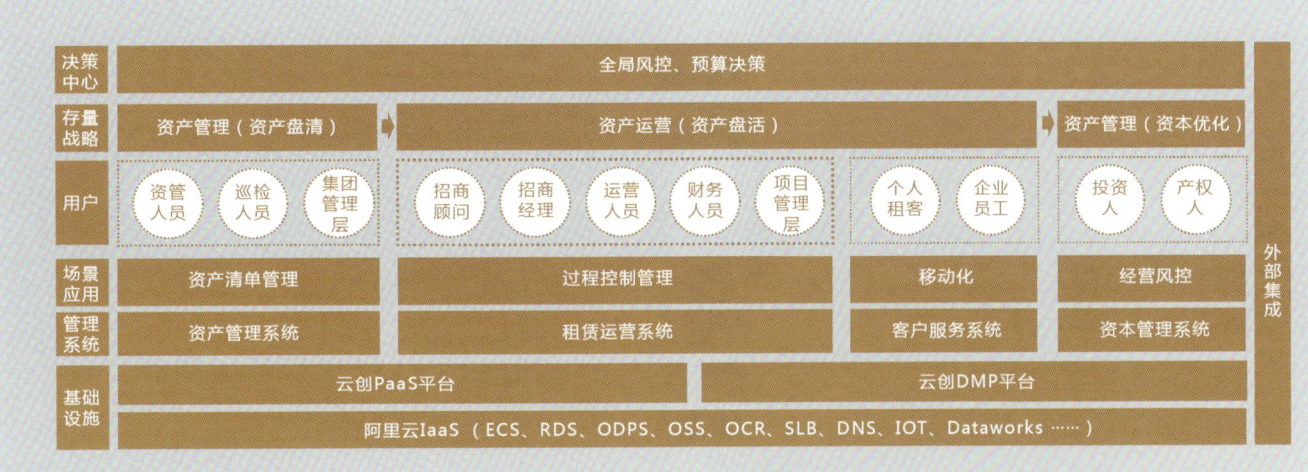

图 5 国企资产管理提升数字化蓝图

新时代租住 NEW ERA RENT

CONSIDERATION ON THE WHOLE LIFE CYCLE DESIGN OF HOUSING RENTAL INDUSTRY

住房租赁行业基于全生命周期户型设计思考

陈湘 / 文

中国的房屋租赁市场随着国家政策的驱动，发展迅速。政策引导的房屋租赁市场应该具有多元化供应主体、长期稳定的租赁关系等基本特征。区别于房屋传统租赁市场，以政府、企业为主导的房屋租赁市场，无论在规模、配套、品质上都将是全新模式。维持稳定的租赁关系，除了政策响应，房屋租赁市场提供的产品本身的多元化及空间的灵活性也是决定性因素。"全生命周期户型"是实现这个目标的解决途径之一。

"全生命周期户型"的实现可以同时满足出租房与承租方日益增长的需求，可以实现市场、企业、居住者三方共赢。于承租方而言，全生命周期户型可以满足其家庭成员多元化、个性化需求；于出租房而言，全生命周期户型的灵活性，可以解决其根据市场需求在低成本下快速变更空间功能；于市场而言，好的住房产品可以促进租赁市场的良性发展。

全生命周期住宅起源于日本，2000年以来，我国逐步进入该领域的研究。特别是随着2015年"二孩时代"的全面来临及中国人口老龄化程度日益加深，中国人的居住方式发生巨大变化，"全生命周期住宅"的研发再次推向浪尖。全生命周期住宅的本质核心是在不改变住宅主体结构的前提下，能快速灵活变化空间，实现功能的转换，可以满足家庭成员在不同年龄阶段对住宅空间不同的需求，保证空间利用的品质化，同样一套户型，可以同时满足两个人品质生活的奢华、四个人实用生活的便利、六个人刚需生活的协调。

全生命周期住宅一般为SI体系的建筑，主体结构是不变的，建设者可以按照特定地区、特定功能、特定标准的原则建造的，具有足够适应度的支撑体系。SI体系建筑的内部功能体系则是由各种功能模块所组成的，可以实现任意组合、更换，从而满足不同用户的特定功能要求。模块化是内部功能体系的主要特征，是按照特定的模数标准、连接标准、功能标准而设计的，并在标准化的前提下实现独立生产预制模块，从而实现在主体结构不变的前提下，内部功能空间的"乐高"化模式。

我们通过一系列调研，深入了解房屋租赁市场需求，开始了一系列全生命周期户型的创新与研发。

一、基于家庭生命周期的"全生命周期户型"

家庭生命周期（family life cycle）最早是由美国学者Paul Click于1947年从人口学的角度提出，随后世界卫生组织明确了其完整的概念。家庭生命周期是指一个核心家庭

业界思考

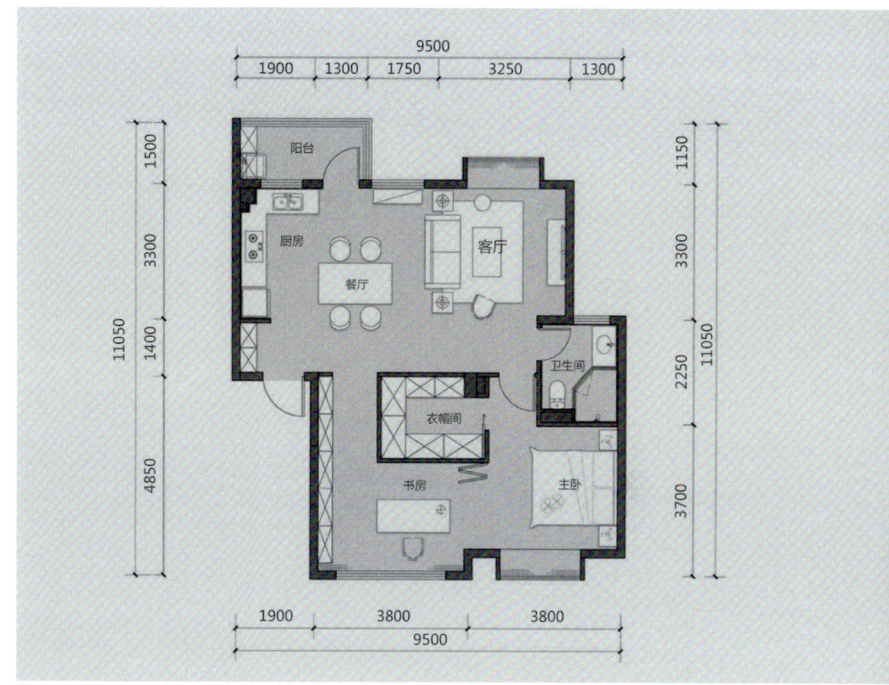

"全生命周期"户型一：
两人世界（摩登生活——空间的品质感）78平方米

在这套户型的设计中，强调的是两个人居住的空间品质感，除了基本的起居饮食，个人喜好、生活功能的拓展都需要在空间中体现。在以上户型设计中，如书房、衣帽间是体现主人品质生活的衍生功能，强调大空间概念及空间的灵活性。适合家庭生命周期的第一、第四阶段。

的历史，即从结婚到配偶死亡、导致解体的过程，通常将其划分为形成、扩展、稳定、收缩、空巢与解体6个阶段，显示了一个家庭自身的变化和在发展过程中不同阶段的特点。

就中国家庭而言，经过调研，家庭生命周期一般持续30～60年，依据不同的生活特点和需求可将其分为五个阶段。

第一阶段：新婚期阶段（2～5年），这个阶段是指从结婚到生儿育女。随着经济发展、观念变化，这个阶段的持续时间在加长。大多数年轻人不愿意与父母同住，希望两人世界，在空间满足的条件下，对衣帽间、书房或工作室等提升生活品质的空间有需求。

第二阶段：育儿期阶段（3～6年），这一阶段家庭的变化表现为规模增大。随着孩子的出生、老人的参与，甚至保姆的加入，家庭人口结构发生改变，家庭居住人数此阶段最多，对居住空间和环境产生新的要求，对房间数量的要求是刚需。

第三阶段：教育期阶段（12年左右），从孩子上小学到独立，此阶段家庭人口结构较为稳定。家庭成员除了孩子和父母，保姆或祖父母辈会参与其中，与第二阶段对空间需求较为类似。

第四阶段：向老期阶段（20年左右），家庭对居住空间和环境的要求再度发生变化。但情况各异，此时期子女在外求学或者成家立业，并相继有了后代。大多数夫妻会在靠近已经成家立业的孩子附近租住或买房，以便相互照料。

第五阶段：孤老期阶段（10～15年），在这一阶段夫妻年老体弱，或夫妻中只剩一人，生活上或与子女在一起，或进入社会养老机构，直至该家庭生命终结。

"全生命周期"户型以此为基础，同一套户型能在损耗很小的情况下，快速变换空间，可以满足以上两个甚至几个阶段家庭的变化。我们以一套房屋租赁市场78平方米户型为例，看看同样的面积、同样的框架如何进行功能的切换及空间的改变。

新时代租住 NEW ERA RENT

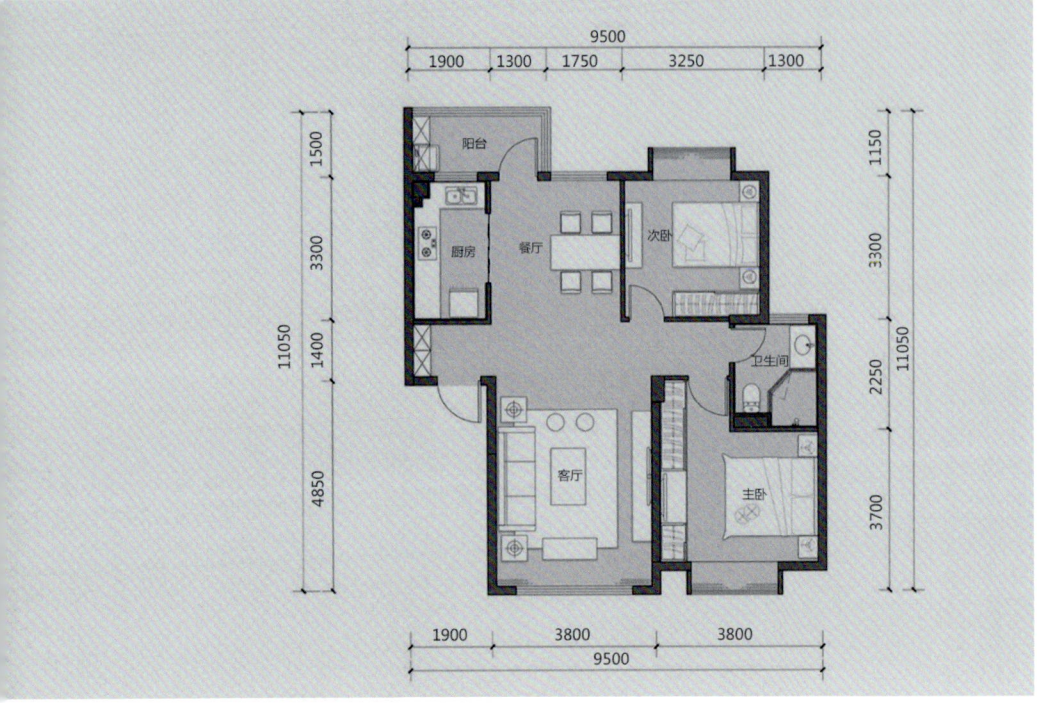

"全生命周期"户型二：
三口之家（实用生活——空间的舒适感）78平方米

这是标准的三口之家户型，强调的是实用与舒适，适合家庭生命周期的第二、第三阶段。

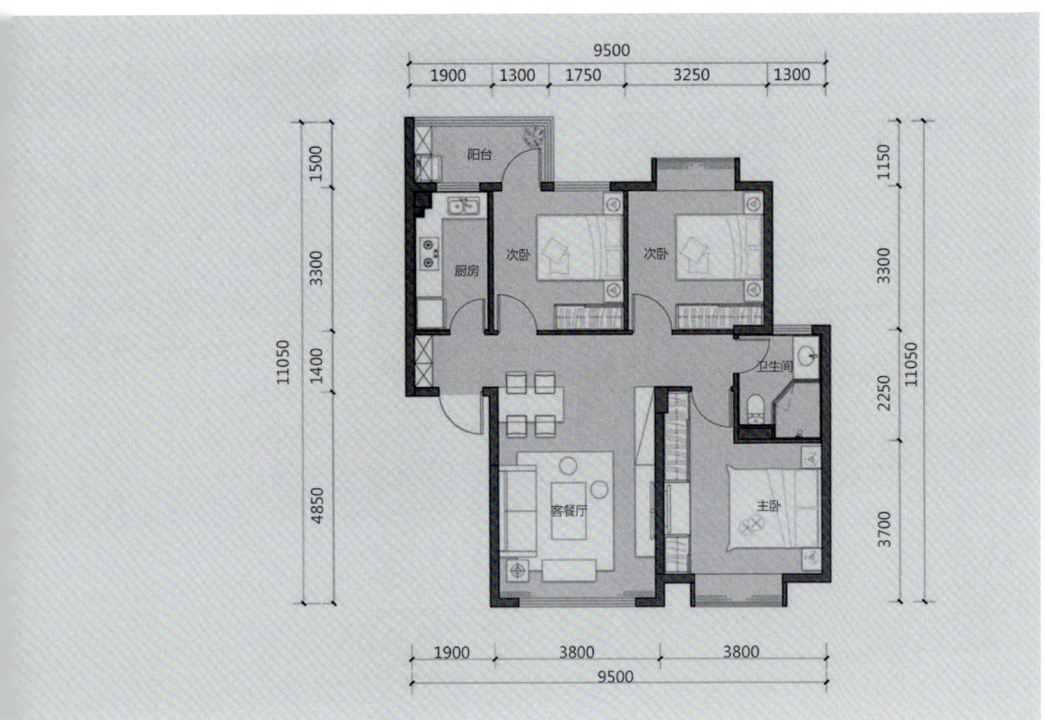

"全生命周期"户型三：
三代同堂（刚需生活——空间的紧凑感）78平方米

三代同堂，房间数量是刚需，加上祖辈及保姆的参与，家庭成员数量较多，所以三居室是该户型基本需求。适合家庭生命周期的第二、第三、第四、第五阶段。

业界思考

户型一轴测图　　　　　　　平面图

户型二轴测图　　　　　　　平面图

户型三轴测图　　　　　　　平面图

新时代租住 NEW ERA RENT

双钥匙户型（106平方米）

一套户型可以变换成两套一室一厅，共用厨房，有各自独立的洗手间。适合夫妻两人租住。

三钥匙户型（106平方米）

一套户型可以变换成三套间，共用厨房、客厅，有各自独立的洗手间。适合单身租住。

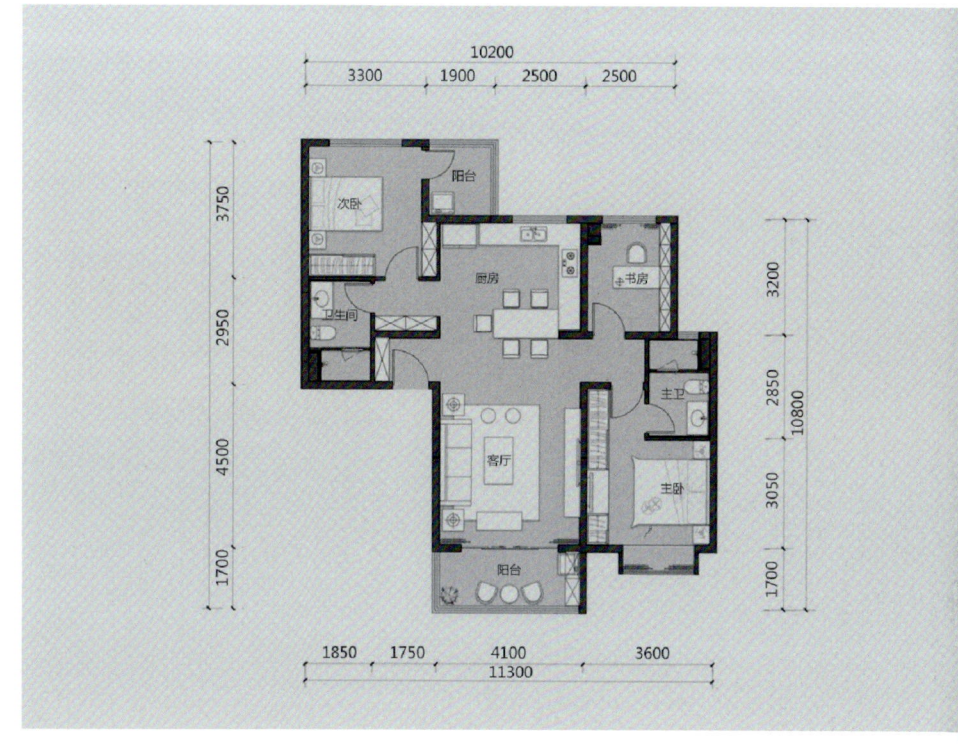

单钥匙户型（106平方米）

适合家庭租住，有三间居室。

需要强调的是以上户型，在"全生命周期"的概念下实现相互转换是非常容易的，通过墙体隔断的简易改造来满足家庭不同生命周期的使用功能。特别是在住宅工业化模式下，这种户型之间的快速切换，功能的灵活多变，可以通过部件及隔墙的组装与拼装来实现，为房屋租赁房及租户的需求提供极大的便利。

二、双钥匙与三钥匙——面向年轻租户群体

双钥匙与三钥匙也是实现空间灵活多变的方式，特别对于房屋租赁市场，是有效解决供需双方在空间功能契合一致的有效途径。我们在调查中发现，很多出租的房屋系旧楼改造，相对面积较大，而面向年轻租户群体，比如刚刚参加工作的单身青年，比如年轻的小情侣，他们对户型面积需求较小，那么双钥匙与三钥匙户型的出现，是解决途径。

租赁企业也可以随着市场政策及人民需求的变化随时调整住宅空间功能，以便更好契合需求。全生命周期住宅将墙解放，运用不同墙的围合方式表达多元化的空间需求。同时提高对家庭的生活功能品质保障。打破墙的束缚，用灵活的空间来满足居住者各时间段的需求将会是建筑方面的一项重大突破。

创新的基础是人们对居住环境的本质需求，全生命周期户型以人为本，特别在国家提倡节能减排的政策下，此住宅的研发与推广是促进住宅产业的保障。

注：以上户型案例均由尚珀设计研发团队提供。

作者简介

陈湘

湖南工商大学副教授、硕士导师，

尚珀装饰工程有限公司合伙人，

上海柯翊建筑设计有限公司合伙人。

UA租赁住房研发实践
RENTAL HOUSING DESIGN

六个上海核心地段
全装配公建化开放社区

尤安设计　让设计和生活充满想象力
URBAN ARCHITECTURE

租赁住房实践项目——上海浦东世博二地块

租赁住房实践项目（部分）

上海浦东耀华路地块 \ 上海浦东世博二地块 \ 上海城寓超级社区华山路店
上海城寓活力社区江月路店 \ 上海新江湾城扶苏路地块 \ 上海松江中创路地块

租赁住房合作业主（含顾问咨询）

上海地产/城方、上海城投、上实城开、仁恒置地、上海万科、绿地控股集团、上海保利、上海宝地、碧桂园、禹洲地产、招商蛇口、中建东孚等

UA尤安设计成立于2000年，始终坚持以"核心建筑师"为主导的设计作业模式，坚守"视己为业主"的服务意识，持续提高自身的整合能力、创新能力和研发能力，专注于建筑设计的高难度和高艺术性要求领域；在城市规划、超高层建筑、商业综合体、甲级办公楼、星级酒店、高端住宅等领域中，取得了丰硕的成果，成为业内公认的"复杂问题解决专家"。我们可以提供以下服务：建筑方案设计、方案深化设计、施工图设计、结构顾问、机电顾问、幕墙顾问、现场控制等。

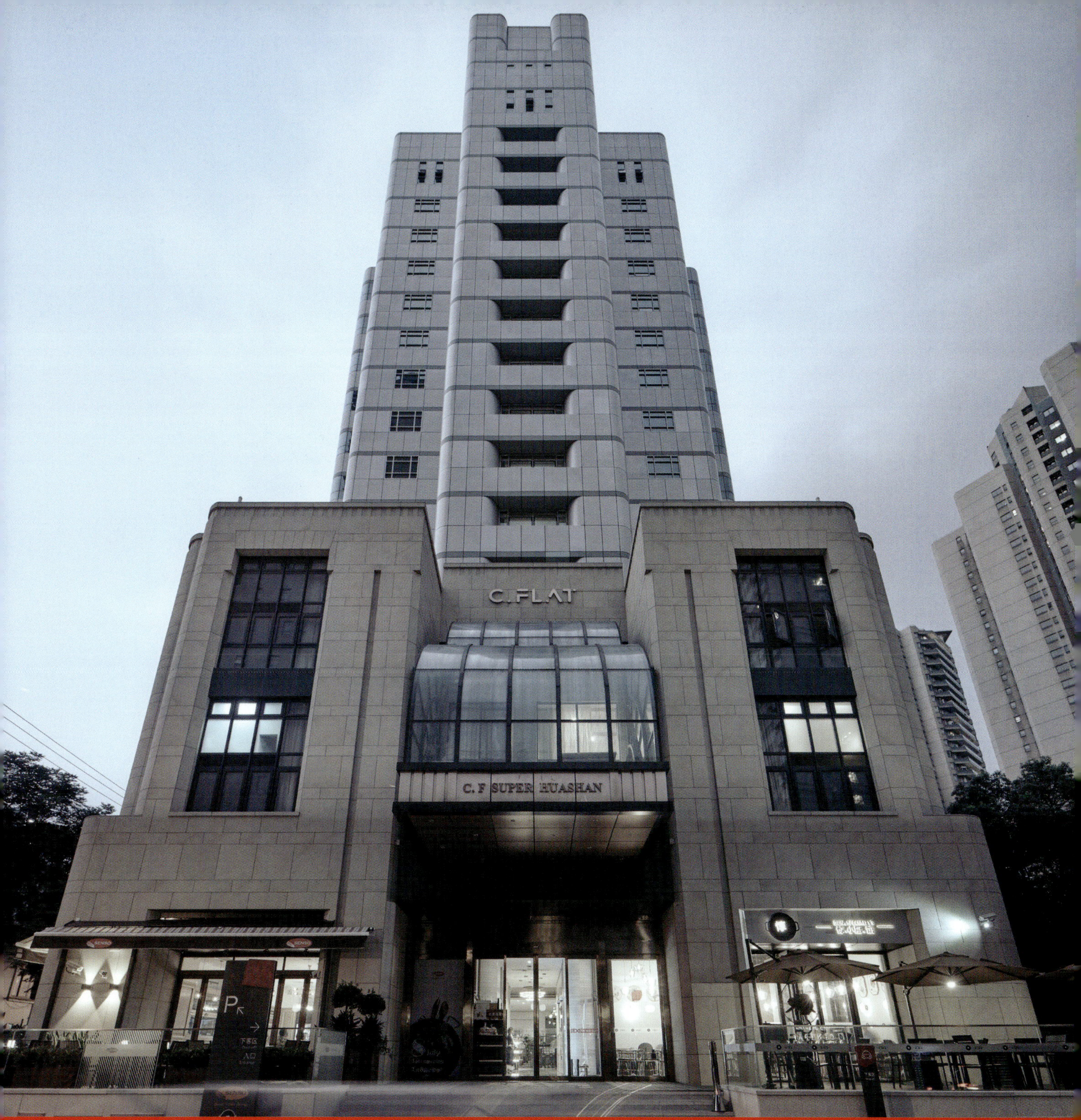

WONDER LIFE 新城方®

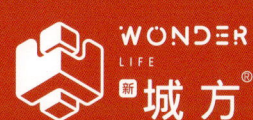

城方超级社区 · 城寓华山路店

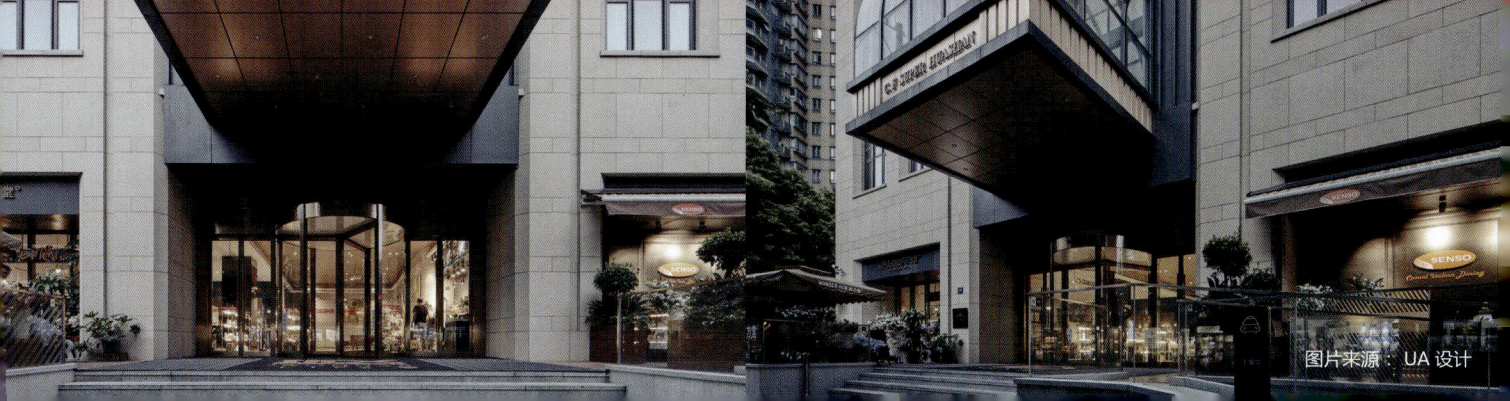

图片来源：UA 设计

生活美学

BUILDING A WARM "FIELD" IN RENTAL HOUSING COMMUNITY

城方堂，打造租赁住房社区有温度的"场"

沙淑珍 / 文

图1 城方堂华丰路店

提到"场",你可能联想到的是广场、剧场、市场、名利场、磁场……各种五花八门的"场"。我们可能熟悉生活中遇到的各种各样的"场",但往往会忽视这一个"场"——在城市与生活居所之间的"场",一个过渡的"场"。

随着城市化进程的推进和城市发展的不断加快,青年群体租房需求日趋旺盛。在上海工作、生活的数百万租住青年群体中,独居群体占据主要地位。他们每天从高速运转的城市带着一天的收获回到居所,想要分享开心、分摊疲惫,但城市与居所之间过渡"场"的缺失,使得独居青年们的居所如漂浮在城市中的一座座孤岛。有数据称60%的青年租住群体倾向于通过消费提升舒适感和幸福感,他们更加追求有品质感的生活,在内心与精神层面也不将就,渴望感受城市的脉动,与城市共鸣。他们需要一个连接生活居所与城市的"场",来容纳他们丰盛的生活、多元的社群和沸腾不止的灵魂。

城方堂,作为上海地产集团旗下城市租赁住房运营服务品牌——"城方"旗下致力于构建城市生活温度的社区共享客厅品牌,以精品咖啡为载体构建复合型美好业态,以多元文化内容运营构建活力社群平台,让城市青年在此连接居所与城市,成为他们理想生活的栖息之"场"。

在城方堂这个"场"里,我们营造有温度的生活场景,通过CAFE、TASTE、GALLERY、CO-THINKING和SQUARE五大空间场景的塑造,构筑美好生活平台,迎合城市青年的不同需求;我们集合有温度的商业配套,精品咖啡、健康轻食、文创零售、生活美学等多元业态让生活更有品质、更加便捷;我们提供有温度的居住服务,最会做服务的KOL

新时代租住 NEW ERA RENT

图2 城方堂华丰路店路演区

咖啡师为社区提供咖啡餐饮服务、客厅管家服务、个性会员服务、社群活动服务，四重维度升级完善租住青年的社区服务体验；我们联结有温度的邻里社群，无论是文化输入还是文化输出，策划丰富多元的社群活动，复兴有归属感的邻里文化。

"温度"是我们对品质生活的态度和基础要求，我们提倡在城方堂营造三种温度。

首先是"饭团"的温度。舒适的生活配套是人们走出家门进入社区的最直接的原因，这里有营养的早餐、精致的茶点、丰富的书籍、宽敞的空间和优雅的生活方式，过去无论是出于居室的局促还是时间的仓促让生活很将就，都将因为城方堂的存在而不再将就。

其次是"吉他"的温度。社区不只是空间和功能，更是人群与文化，租赁型居住社区的优点在于由人群灵活性和

图3 城方堂华山路店

图4 城方堂江月路店

可筛选性带来的更强的身份认同感，也成为塑造文化的先决条件。所以以城方堂的空间为基础，我们想要自然聚拢属性近似的人群，不管是音乐的交流、艺术的碰撞、游艺的搭档还是生活的分享，让人们在城方堂里感受更丰盛的精神世界，从情感上对社区产生喜爱与依赖。

最后是"前进"的温度。租赁型居住社区的人群有一个共同的标签：在路上。社区更高阶的价值在于如何让这些在奋斗路上的年轻人人生更容易，比如人情互助带来更无忧的生活、信息交换带来更宽广的道路、社群活动激发更积极的人生，还有充分的舞台创造"斜杠"价值，收获更好的自己。

城方堂现已营造三个有温度的"场"，分别是：华丰路店（浦东新区华丰路1号）、华山路店（长宁区华山路1038弄161号）、江月路店（闵行区南江洲路91号）。"场"是戏剧演出最小的段落，也可以说是生活的小段落。城方堂希望通过对有温度的社区和理想的生活的探索和实践，让每一位居住在城方社区的人，生活中每一个小段落都充满温度、充满精彩。

作者简介

沙淑珍
上海城方租赁住房运营管理有限公司旗下创新业务城方堂 品牌营销主理人。

WONDER HUB
城方堂°

WONDER HUB
城方堂°

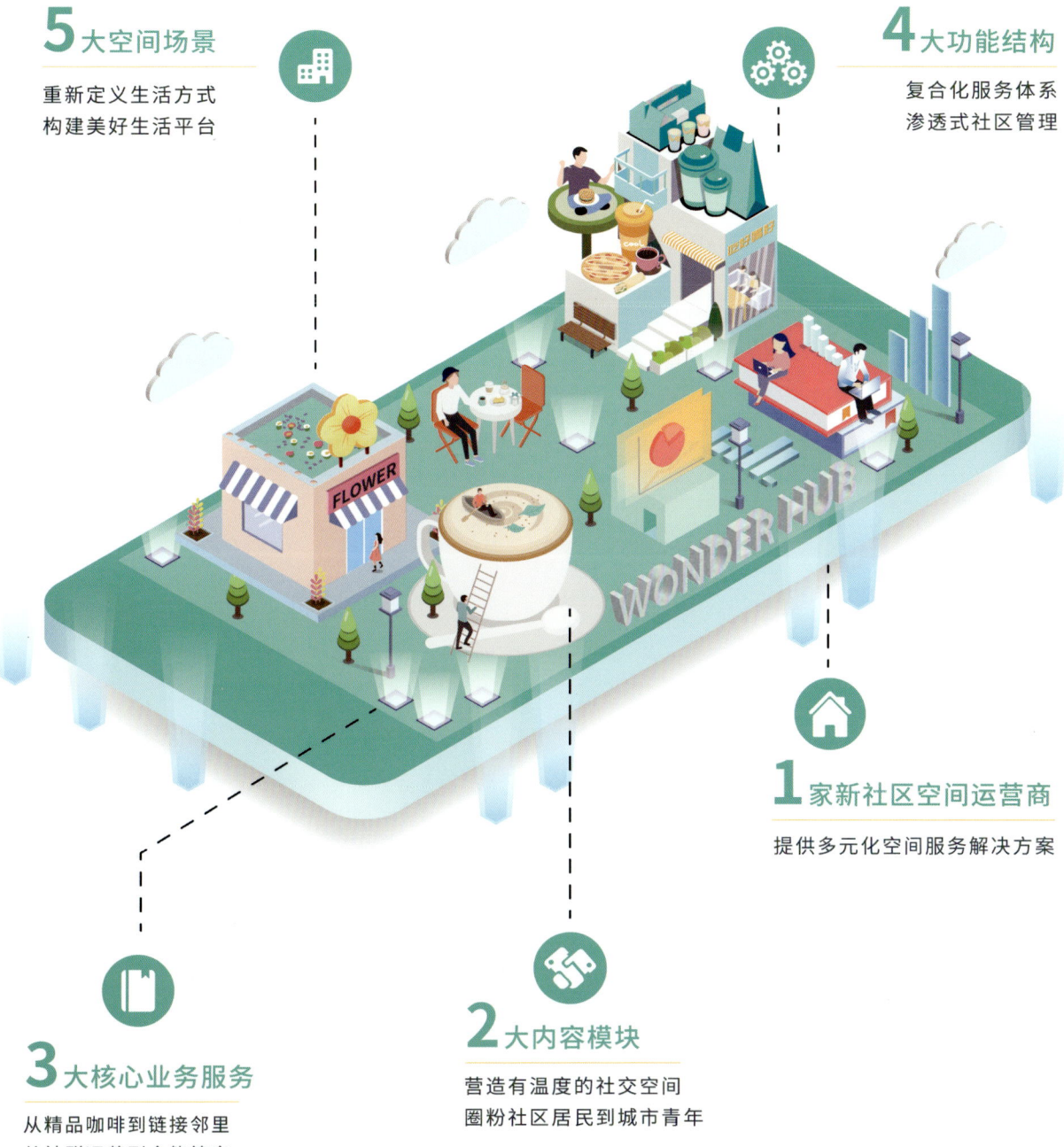

5大空间场景
重新定义生活方式
构建美好生活平台

4大功能结构
复合化服务体系
渗透式社区管理

1家新社区空间运营商
提供多元化空间服务解决方案

2大内容模块
营造有温度的社交空间
圈粉社区居民到城市青年

3大核心业务服务
从精品咖啡到链接邻里
从社群运营到全能管家

新时代租住 NEW ERA RENT

FROM "EXISTENCE" TO "LIFE"
INTIMATE RELATIONSHIP BETWEEN US AND THE CITY

从"落脚"到"生活"——我们与城市之间的亲密关系

徐磊 / 文

人与人之间的关系可以分为四个层次。

一是两个人互相不知道对方的存在，彼此无任何关系，称为零接触；二是知晓，一个人知道另一个人的信息，但未发生任何直接接触；三是表面接触，两个人开始互动，如通过谈话或书信来往；四是共同关系，两个人的依赖程度增加。在共同关系中，当两个人的相互依赖性很大时，我们把这种关系称为亲密关系。

同样，人与城市之间的关系也是分层的。面对一座城市，初来乍到的人难免会觉得恐惧，然后找到一份工作，谈上一场恋爱，承受一次伤痛，策划一次逃离，最后，在夜幕下重新尝试揣摩这座城市的霓虹，如果焦虑的味道慢慢淡去，只是觉得好看，那便代表内心得到了成长，与城市之间的关系终于得以升华。

这样一个过程也许长达数年，出租屋的地址也已经换了好几遭。6年前我来到上海生活，以我自己的搬家经验来看，每一次迁徙，的确让我和上海这座城市的关系又更亲密了一些。

一、每个城市都倾向于一种雄心壮志

人与城市之间最浅的一层关系就好比游客与景点。二十二岁那年，刚来到上海的第一个傍晚，我被人挤在外滩边上，眼睛被对岸陆家嘴的闪烁霓虹所吸引，慢慢地，像是听到了某种有节奏感的呼吸声，然后，大都市的气息开始在心尖上蔓延开来。突然，震旦大厦的摩天屏幕亮了起来，上面用红底白字写着——"我爱上海"。

只凭这一眼，我就被上海所吸引了。

人们通常认为，好的开始意味着一帆风顺，但后面的发展还是和大家所经历的一样，当初见的滤镜褪去之后，城市显露出它的一点点锋芒，足以让那股子喜悦变成惶恐。

刚开始在设计院实习，我工资不高，但经常加班，每

生活美学

天晚上熬到十一二点,吃一碗楼下夜市的蛋炒饭,然后坐一个多小时的深夜公交车,回到出租屋里躺下,闭上眼睛,这样忙碌的一天才算结束。

久而久之,我开始喜欢躲在楼梯间给家里打电话,楼梯间是个筒子,密封的筒子,在人们容易脆弱的时候,也许能被好好保护吧。有一次和父亲聊着聊着,不争气地哭了起来,我记得电话那头当时沉寂了好久,也许他是因为第一次见我这样,从而感到惊讶吧。

保罗·格雷厄姆在《市井雄心》写道:"每个城市都倾向于一种雄心壮志。"不同的城市,传递的价值观不同,但大多决定了居住在那里的人以何种方式生活。上海是野心勃勃的,它迟早会成为世界上那个数一数二的城市,或者说,现在就已经是了。这也就注定了,这个城市在一开始就是高不可攀的。

这不是一个轻松的城市,你要想办法去适应它。实习三个月后,我的组长终于开始和我谈心了。

为了尽快适应这样的节奏,我把房子重新租在离公司很近的地方,不用再等夜班公交,在共享单车还没诞生的那一年,一辆虬江路二手市场上淘来的自行车成了我的通勤工具,从公司到家,只要 10 分钟。这样一来,每天晚上就能比同事早睡半个小时,隔天上午他们还在打盹的时候,我就已经开始熟练地操弄起 CAD,学着用 SU 建模。久而久之,通勤上省下来的时间慢慢转变成了我的实习经验,我的实习经验又让我的工作效率变快,加班也不像开始那样多了。良性循环一旦开始,在上海的第一道坎,也就算是迈过去了。

这一切应该都要归功于那一次搬家,而租房子最便利的地方就是在于,可以随心地选择离公司近的地方。离公司近些,离这座城市也会近些,时间成本减少些,生活压力相对也会小一些。

其实城市生活就是这样,一点点的时间空间积累下来,

83

新时代租住 NEW ERA RENT

才能最终形成我们需要的幸福感。

二、静下心来，真正地接受这座城市

在上海，住进内环是每个白领的梦想，因为这里无论去哪里都很方便，哪怕换工作也大体离不了这个圈子，也能省去频繁搬家的烦恼。

2016年，我在上海租下的第三套房子就在愚园路，这里到静安寺只要两站地铁，本身是上海历史老街之一，两旁斑驳的老洋房里面，从民国以来就流传着不少文化人的故事，近年来更是因为创邑的进驻及运营而更加青春洋气，备受商家和文青们关注。

街道两边的店铺经营着咖啡、香薰、甜品，空气里常常弥漫着甜甜的味道。无论多晚走在街上，嘴里都满是上海历史的香味，就算是独自一人走在这条街上，也很难因为孤独而悲观起来。这种香味不甜，不腻，但又很满，像这里的人群一样熙熙攘攘，将要触碰时又点到即止。

除了香味，愚园路也很漂亮，特别是秋天时，看着落叶飘下来，没有想象中那样悲伤，只是觉得好玩，又好看。那一年，城市里又有了新规定，这条路上的落叶不再有环卫工人去清扫，接下来的日子里，街上又多了鞋子踩在落叶堆上"沙、沙、沙"的声音。

因为喜欢，住在这儿的时候，我最爱宅在家，相较于去商圈购物，我也更爱宅在这条街上，三餐、采买、读书，一百米以内都能解决，那时候甚至有了个小愿望，将来要在这里开一家故事商店，就卖一些我这种人身上最爱发生的故事，平凡却真实。

住在这样的地方，可以完全不去想街以外的世界，偌大的上海于这里的居民来说，不过一条2.7公里长、两边种满梧桐树的狭窄街道，如此一来，城市的重量便被分解到肩膀可以承受的地步。

上海就是这样，它过于大了，让人浮躁，让人能轻易容忍陌生和分离，不太适合容易彷徨焦虑的人进来，但是倘若不小心闯了进来，它又能若无其事地分出一小条街道来包容你，真的很好。

我们年轻时候常常谈论梦想，但到现在，也不知道梦想究竟是什么，也许是中彩票，也许是组建家庭，也许是职场的接连晋升，也许只是想在这个过大的世界里，早点找到一条小街扎下根来。

住在愚园路，让我有这样一点愿望了，想要在上海扎下根来，而且我发现，产生这个念头的一瞬间，根就好像已经扎了下来。虽然房子是租的，虽然地址仍然是暂时的，但和大家所认为的不同，并不是买房才算是在这座城市扎根，其实，根就在那里，只是看你什么时候能够静下心来，真正地接受这座城市，从而，也让这座城市慢慢接受你。

三、我们到亲密关系的距离，很远很远

要说愚园路的房子已经很好了，为什么后面还要搬家呢？工作从浦西变动到浦东算是原因之一，另一个主要原因是愚园路的房子还是太旧太老。

上海能够租到的房子，这样的"老破小"不在少数，说实话，是不适合年轻人的，我也很希望能租到一间正常的房子，有电梯、有阳台，下午有阳光，能晒一晒有点潮味的衣服，房间隔音好，说话也不用捏着嗓子发声。再贪心一点，整个社区住的又都是年轻人，大家的作息差不多，又能组成共同的生活圈。

发现没有，随着我们离城市越来越近，我们的居住需求

新时代租住 NEW ERA RENT

也在不断提升,哪怕是租房生活,我们也不再想将就。所以,后来我搬到了浦东的世纪公园,除了邻居的问题,这一套房子基本满足我上面所有的诉求,客厅有一扇大大的落地窗,当夜幕降临,这里望过去就是花木万家灯火的光景,加上浦建路和锦绣路的车水马龙,我意识到,这才是这座城市真正的脉搏与呼吸。

我签了长约,自己出钱把房子重新装修,当时身边不少朋友说:"租来的房子好像没有装修的必要,不如多存点钱下来早点买房。"也有人说:"那只是租来的房子啊,房东毁约怎么办?你这样不是浪费钱吗?"

这样的问题我当然想过,每天都想,只是有一天,当我洗澡时闭上眼,仔细听莲蓬头落水下来的声音,这种声音让人平静。除了水声,能听到的只有自己的心跳声,这时候,我发现我已经忽略卫生间的所有权,我开始感觉到这就是生活,这就是我的家。

我们到亲密关系的距离,很远很远,跨越时空,隔绝情感,好在,一段波澜不惊的人生过后,从"落脚"到"生活",现在我好像已经和这座城市达到了一种亲密关系了。

无论如何,租房生活不应该是一种让人嫌弃的状态,慢慢走出,慢慢怀念,当初的那一段日子于我来说,实在太过珍贵。至于我人生的下一步,大概率是买一套房子,成家立业。但在此之前,租房生活是我融入上海这座城市最宝贵的一段经历,它让人成长,让人有机会掀开城市的面纱,一睹芳容。

也希望租房生活,能让城市里更多的人,多一种选择。

作者简介

徐磊
"90后"自媒体作家,用文字描绘城市的建筑师。

图书在版编目（CIP）数据

智慧赋能生活 / 上海城方租赁住房运营管理有限公司主编 . -- 上海：同济大学出版社，2020.2
（新时代租住）
ISBN 978-7-5608-9178-1

Ⅰ.①智… Ⅱ.①上… Ⅲ.①信息技术 - 应用 - 房屋 - 租赁市场 - 研究 - 中国 Ⅳ.① F299.233.57

中国版本图书馆 CIP 数据核字 (2020) 第 028477 号

新时代租住 01
智慧赋能生活

上海城方租赁住房运营管理有限公司　主编

出 品 人　华春荣
责任编辑　由爱华
责任校对　徐逢乔
装帧设计　吴雪颖
出版发行　同济大学出版社　www.tongjipress.com.cn
（地址：上海市四平路 1239 号　邮编：200092　电话：021-65985622）
经　销　全国各地新华书店
印　刷　上海安枫印务有限公司
开　本　889mm×1194mm　1/16
印　张　5.5
字　数　176 000
版　次　2020 年 2 月第 1 版　2020 年 2 月第 1 次印刷
书　号　ISBN 978-7-5608-9178-1
定　价　55.00 元

本书若有印装问题，请向本社发行部调换　版权所有　侵权必究